JN192364

自分という
物語を生きる

心が輝く“大人のシナリオ”

I live my life, my story.

吉元由美

Yumi Yoshimoto

水王舎

プロローグ

人生を創造する。この言葉から、あなたは何を思うでしょうか？　創造なんて、自分には関係ないと思うかもしれません。

人生は、選択の連続です。右に曲がるか、左に曲がるか。その一瞬の選択が人生の方向性を決めるとしたら、あなたは何を基準に決めるでしょうか。コーヒーにするか紅茶にするか、結婚するか、しないか。私たちは無意識のうちに選択し、また考えに考えを重ねて選択をしています。その選択の連続が、私たちの人生を創造しています。「もしもあのとき……していれば」と、過ぎ去った瞬間を思い出すことがあります。過去の選択の瞬間を「もしもあのとき……」で紐解いていくと、数限りない人生の可能性があるのです。

私たちは、人生を創造するアーティストです。アーティストとは芸術家、芸術の才能を持った特別の人のことだと思うかもしれませんが、「人生は創造するもの」と考えると誰もがアーティストです。

毎日を、より成長するために、より幸せになるように試行錯誤しながら生きるか。そこにもう一歩踏み込んで、人生を創造していくという意識を持つ。この意識を持つことで、選択するものが変わってきます。自分が成長するために必要なことが見えてくると、勇気を持って選択するようになります。なぜ、勇気を持ってなのか。より成長するためには、時には厳しい選択をすることがあるからです。

二十一歳のときに出会った算命学宗家である高尾義政先生は、楽な道と苦労する道があったら、苦労する道を選びなさい、と言いました。それが、運気と心と生き方の次元を上げるのだと。荒波に、果敢に飛び込んでいくことが明日の自分につながることもあるからなのです。常にチャレンジする……それが、創造性を発揮しながら生きることになるのです。

五十歳になったとき、もうそれまでと同じ生き方はできないことに気がつきました。三十歳から五十歳までの二十年は、本当にあっという間でした。三十歳は、手を伸ばせばまだ届くところにあるように感じます。仕事をして、悩んで、結婚して、子どもを育て、いろいろな困難とたくさんの喜びがあった二十年でした。

そして五十歳からの二十年を考えたとき、もう同じ二十年ではないことに気づきました。年を重ね、老いという領域に入っていく自分を想像できない。でも、次の二十年は確実にそこへ向かっているのです。

過ぎていく時を取り戻すことはできない。そんなわかりきったことが、リアルに胸に迫ってきました。私に与えられた時間には限りがある。それまでも人生を創造するという意識を持って生きてきましたが、これからの二十年をどう創造していくか、改めて考えたのです。

それまで、歌、小説、エッセイというかたちで表現活動をしてきました。まだやったことのないことをやってみたい。そう思ったときに、伝えたい言葉を直接伝えていくというアイディアが浮かびました。

何を伝えていくのか。ひとりひとりが、魂が喜ぶように生きる。ひとりひとりが輝くことによって、その輝きはまわりの人へ波及する。そして、さらにその先の社会へと広がっていく。水面に落ちたひと雫が波紋を広げていくように、ひとりひとりが内面から輝きだすその影響力は、家族、そしてコミュニティへ、社会へと伝わっていくのではないか。そう思いが至ったとき、わくわくしている自分がいました。そうして立ち上げたのが、ライフアーティスト・アカデミーという、小さな小さな『学校』です。

創造性を発揮するとは、新しいことをはじめるということだけではありません。人間関係、パートナーシップをどのように育むか。もしかしたら、感情を素直に伝えることがテーマになるかもしれない。感情を表すことが苦手であったり、また自分の本当の感情がわからなければ、「感情を感じる」「感情を伝える」ということがチャレンジになります。これにチャレンジするかどうか。算命学の高尾義政先生が、「苦労する道を選びなさい」と言われたのは、まさにここなのです。ここに人生の創造性を発揮するポイントがあります。

毎日の生活の中にチャレンジすることがいくつもあるように、人生という大きな時間の流れの中で、時として思わぬことが起こります。また、自分の心もひと色ではなく、生きづらさを感じる時期があるものです。嵐の中にあっても心は穏やかでいられるときもあれば、反対に静けさの中で心だけが揺れ動いていることもあります。自分の心であるはずなのに、コントロールできない。自分のことがわからなくなる。生きていくということは、何をするかという目に見えることよりも、目に見えない自分の心とどう向き合っていくかということのほうが大変かもしれません。

自分の意図とは関係なくあふれる感情をどう扱うか。自分の心をどのように育てて、自分らしく生きられるか。自分らしく？　自分らしくとは、どんな自分なのか。簡単に「自分らしく」と言えない自分がいるのです。

しかし、そんな迷いやもんもんとしたプロセスこそ、ステップアップするチャンスなのです。信じられないかもしれませんが、これこそ人間が成長するためにプログラムされた局面なのです。自分だけではない、誰にでもさまざまなかたちで「自分らしくあること」について見えなくなる時期があり、そのときに投げやりになるのでも、ただ流されるのでもなく、見ないようにするのでもなく、『自分らしさがわからない自分』と向き合うことで開ける未来があるのです。

三十代の初めに、このようなことがありました。この経験があったからこそ、私の『いま』があります。もしもあの頃に流されるように過ごしていたなら、もしかしたら『Jupiter』という歌も、書けていなかったかもしれません。そして、ライフアーティスト・アカデミーという活動もしていなかったでしょう。

人生は創造するもの。日々起こるさまざまなことが、創造のきっかけになります。心から輝くために、魂が喜ぶように生きるために私たちができること。『自分らしい自分』は、生まれたときから輝いているのです。その輝きへの道をこれから見つけていきましょう。

目次

第3章

コラム

第1章

大人にも思春期がある

その「もやもや」には意味がある

そのもやもやとした気持ちや落ち込みが、自分を成長させるステップだとしたら？　自分が本当に何を求めているかわからない。このままの自分でいいのだろうか。自分はどうあれば自分らしくいられるのだろうか……。生き方の根を引き抜かれたような、このような混沌とした心の状態が、いつか人生の豊かさへとつながる通過儀礼だとしたら？　出口の見えないトンネルを、（出口のないトンネルはないのだ）という小さな希望の灯りを照らしながら、勇気を持って進めるでしょうか。

十代の初め、身体の急激な変化と心の成長のアンバランスから、精神的に不安定な時期、思春期を迎えます。親に反抗的になり、親の価値観の中にいた殻を破りたくなります。どう生きたらいいのか、なぜ勉強するのか……そんな本質への関心が高まり、悩むことが多くなります。思春期は、大人への通過儀礼であり、ここでしっかり反抗心を持ち、しっかりと悩むことが、いずれ心にバランスをもたらし、生きる強さにつながります。『自分』を確立するための成長の一段階です。

この思春期と同じように、三十代、四十代で待ち受けるのがミッドライフ・クライシスと呼ばれる中年期の危機です。あまり馴染みのない言葉なので単なる悩みや迷いや落ち込みだと思いがちですが、「自分の人生はこれでいいのか」「自分は何を求めているのか」と人生の意味を問い直す、人生の転機がやってきます。これは多くの心理学者、精神分析家、またユング派の分析家の臨床研究によって明らかにされてきました。

中年期といえば働き盛りです。また、女性にとっても三十代に入ると人生の選択について考えることが多くなります。仕事の仕方、環境、プライベートの変化、身体の変化など、若い頃には経験しなかったことが起こります。状況的にストレスフルになることも、悩みや落ち込みの原因になるでしょう。

しかし、ケースによってはストレスにだけ原因を求めていては、根本的な解決にはならないように思います。ミッドライフ・クライシスという、思春期のようなライフサイクルがあることを知り、それが人生の後半をより自分らしく生きるための通過儀礼であるのなら、その乗り越え方がある。このような心の状態が誰もが通過する人生の一部だとわかっただけで、ほっとすることはないでしょうか。これがライフサイクルのひとつだと知れば、もやもやした気持ちや落ち込みは別の意味を持つようになります。蓋をし、問題を見ないようにするのではなく、出口の見えないトンネルを進む勇気を持てたときに、人生の創造性が発揮されるのです。

人生の意味を問い直すタイミング。ミッドライフ・クライシスを生き方の質を変えるステップにする。この視点が見えてくると、この先に何度となく遭遇する悩みや落ち込み、もやもやした気持ちへの向き合い方が違ってくる。これは、賢く生きていくための処方箋でもあるのです。

出口の見えないトンネルの中でもがいた日々

　このままの自分でいいのだろうか。これが、本当に求めている生き方なのだろうか。三十二歳頃だったか、ふっと湧き上がったこの疑問は、いつも頭の片隅、心のどこかで私を凝視していました。その頃、仕事は順調で、まさに波に乗っているという感じでした。歌詞を書き、小説を書き、エッセイを書き、数多くの取材もこなしていました。『若い女流作詞家』というバイアスがなくなり、三十代になってやっと信頼された感があった頃でした。

　何の不足もない、充実した時期。誰が見ても、順風満帆だったでしょう。でも、私の中で振り子が止まってしまいました。二十四歳で作詞家デビューをしてからはチャレンジの連続。自分に何ができるのか。どこまでできるのか。やってみたいことが次々と出てきて、わくわくすることばかり。私の探究心は、クリエイターとしての自分の可能性にありました。二十代、仕事も、人間関係も、旅も、すべてが糧となり、私の感性を育みました。パワフルでエネルギッシュ。元気な二十代だったのです。

でも、表面的にはパワフルな自分の内側では、力強く時を刻んでいた振り子が止まってしまったのです。仕事をしているパワフルさの反対側に、自分の在り方に確信が持てなくなり途方に暮れている自分がいました。これまで仕事への意欲と気持ちの両輪で走っていたのが、言ってみれば片輪だけになってしまった感じです。

これは、とても矛盾をはらんだ状態なのです。自分がやっていることに確信を持っている。でも、自分の人生の目的に自信が持てない。

「このままの自分でいいのか」

「これが、本当に求めている生き方なのだろうか」

この疑問を突き詰めていくと、こんな言葉になりました。

「このまま仕事をしていくことが、私の霊性の成長につながるのだろうか」

霊性の成長というとわかりづらくなりますが、**こうして仕事で頑張っていくことが生まれてきた本当の目的につながるのか……ということを思ったとき、私は出口の見えないトンネルに入ってしまったのです。**

出口の見えないトンネル……でも、出口のないトンネルはありません。洞穴ではないのですから。自分でこれをトンネル状態だと思えたので、希望がありました。ふっと焦燥感に駆られたときは、（出口のないトンネルはない）と自分に言い聞かせる日々が続きました。物事は考え方ひとつ。イメージの持ち方ひとつです。真っ暗闇の中にいたとしても、そこに針の穴ほどの希望を持つだけで光は射してきます。

「出口のないトンネルはない」

「答えは自分の中にある」

これが、私を支えたキーワードでした。自分を客観的に眺められたことで、自分の心の奥を探っていくことができたのです。

とは言え、私がこのトンネルの出口を出るまでには、三年ほどの時間がかかりました。九十年代の初め、アメリカの女優、シャーリー・マクレーンが数々の神秘体験を通して自分自身と出会っていく『アウト・オン・ア・リム』がベストセラーになりました。バブル経済が崩壊し、不況の波がひたひたと押し寄せていました。人々の関心が内向きになり、『癒し』『ヒーリング』という言葉がよく聞かれるようになりました。いわゆる、自分探し、自己啓発、精神世界ブームです。もちろん、精神世界に対して批判的な見方をする人たちも、メディアもありました。私が自分のもやもやとした気持ちを解決し、本当に何を求めているのか突き止めるためには、このブームがもたらす情報も必要だったのです。

『アウト・オン・ア・リム』をはじめ、心理学系、ニューエイジ系、仏教の本も読みました。講演会やワークショップにも参加しました。でも、（なるほど）と思うだけで、（これか！）と思うものとは出会えず、心は動きませんでした。

その頃、杏里のレコーディングで滞在していたハワイでのことです。オーシャンフロントの家のテラスでぼーっと海を見ていたとき、黒い大きな塊が海から現れたのです。三十メートルくらい沖でしょうか。とにかく、いままで見たこともないようなもの、ザトウクジラが目の前に現れたのです。

このときの衝撃をいまでも忘れられません。偶然に、それもすぐそこの目の前に、です。何か大いなるものと出会ってしまったような、その姿の荘厳さに心打たれ、しばらくの間呆然としてしまいました。

そのことがきっかけで、自然の中に入っていくこと、体験することへの興味が湧いたのです。ああ、自分は大自然の中に生かされているのだ。マノアの森の中を歩き、海に入り、星空を眺め、キラウエア火山の溶岩台地を歩き、ハワイアンの自然と共に生きてきたフィロソフィーを学び……。そんな体験の中で、何か自分の問題を解決するきっかけはないか探していました。気づき、インスピレーションを求めていたのです。いま思うと、気づきもインスピレーションも意図して得られるものではありません。試行錯誤、五里霧中……このような状態でした。

小笠原、ハワイ島でイルカとも泳ぎました。夏休みの子どものように、毎日が楽しく過ぎていきました。無邪気であること、大自然の中に身を置くことの大切さ。この効用については後ほど詳しく述べますが、自分を解放させることは自分らしさにつながる大きな体験になるのです。

イルカと泳いでリフレッシュし、いろいろなインスピレーションが湧いてきました。でも、自分についての気づきを得ることはありませんでした。何か、スコンッと抜けることを期待したのですが、そう甘くはありませんでした。

アリゾナのセドナにも行きました。パワースポットとして知られるボルテックスの上で瞑想をし、星空を見上げ、ネイティブアメリカンの長老の話を聞きました。そのうちエンジェル・ブームとなり、エンジェルにまつわるものを集めて……。『自分探し』という言葉は使い古され、妙に青臭い感じもして好きではないのですが、『アウト・オン・ア・リム』にはじまり、エンジェルまでの二年間。この『心の旅』での収穫は、楽しかった想い出とエンジェルグッズというお土産でした。

答えは自分の中にある

何をしたいのかわからなくなった。自分の人生はこれでいいのかと疑問を持ったら、本当に自分が望んでいることを知りたい、変わりたいと思ったのなら、外から刺激を与えるだけではリーチできない。その答えを外の世界に求めても、そこに答えはありません。サプリメントで病気が治らないのと同じこと。病気を治すためには、自分の免疫力をつけるのと同じことです。求めている答えを、私たちはすでに知っているのです。なぜなら、自分の人生はこれでいいのか、という疑問を投げかけてきたのは、私たち自身だからです。私たちの潜在意識のもっと奥にある深い意識が、

「あなた、それでいいの？　本当に望んでいることは他にあるんじゃないの？」

「新しいやり方で生きるときよ」

と訴えてきている。誰か他人に指摘されているのではなく、自分の内側から湧

き起こった疑問や迷いなのですから、その発信源は自分であり、すでにどうしたらいいかということを知っています。答えが自分の中にあるからこそ、気づけたときには深い納得感を得られるのです。

そうか、これだ！　と心底思えたときには、喉に詰まっていたものが、お腹の底に落ちていくような体感があります。頭でわかったのではなく、いわゆる腹落ちです。たとえば落ち込んだり、鬱のような状態になったときには、徐々によくなっていく……ということがあります。ある日、そうか！　と鬱が治るわけではありません。悩んだり、迷ったりしているとき、その場しのぎの解決法をし続けているかぎり、また繰り返してしまうでしょう。トンネルを出たつもりになるのではなく、しっかりと出口を見て、眩い光の中に立つことが大切なのです。

もう自分の外に答えを求めることはできない。自分の内側を見ていくしかありません。本当に求めているものは何なのだろうか。自分の深い意識がその答えを知っているのだとしたら、そこへリーチしていくこと。そこで、第一次『心の旅』で想い出とお土産をどっさり溜め込んだ私は、ユング派の分析家が必ず受ける自己探究プログラムである教育分析を受けることにしました。

教育分析とは、ユング心理学、トランスパーソナル心理学の元に構築されたプログラムで、さまざまなセッションを通して自己覚知をしていくものです。正直、このような心理セッションを受けるのは気が進みませんでした。個人でカウンセリングを受けるのならともかく、二十人ほどの集団の中で自己開示をし、心の膜をはぎ取られていくようなことは正直したくありませんでした。

たとえば、みんなの輪の中に立たされ、第一印象などのネガティブなフィードバックを受けます。

「なんだか嫌な感じ」

「とっつきにくそう」

「お高くとまっている感じ」

など、日常生活ではおよそ言われないような言葉が矢のように飛んできます。傷つきます。ものすごく。泣きたくなります。心の、震えることがなかった場所がぶるぶると震えます。

もちろん、この場所は安心安全な場として設定されているので、あくまでこの状況は心理セッションとしての位置づけです。このセッションの目的は、抑圧していた感情を出すということ。言うならば、激しいネガティブな言葉で、硬く閉ざしていた心の蓋にひびを入れるというものです。すると、ある人は「何もわかってていないくせに！」と怒りの感情が湧いてきたり、わかってもらえない悲しみを感じる人もいます。それらの感情は、小さい頃の何らかの出来事（トラウマ）によって、これまで感じないようにしてきた感情、つまり抑圧した感情なのです。それを天に返すようなイメージで、感謝をもって手放すことによって、自分自身を縛っていたものから解放するのです。このネガティブなフィードバックの後に、ポジティブなフィードバックも行い、ここで癒される体験をします。

教育分析を受けてわかったことは、どうやら私は長年怒りを抑圧してきたということでした。ここで言う怒りとは、怒りっぽいとか、激しやすいということではなく、怒りを感じていたにも関わらず、それをないものとして認めてこなかったということにポイントがあります。

いま、自分がどんな感情を抱いているのかということ、わかっているつもりでも自覚していないことがあります。感情にいいも悪いもありません。うれしい、楽しいという感情はわかりやすく、私たちも大いに感じたい感情です。大切なものを失ったときの悲しみも、自覚しやすい感情です。でも、私たちが巧妙に抑圧してしまうのは、わかってもらえない悲しみ、わかってもらえない怒り、尊厳を傷つけられた怒り、親に愛されなかった経験からくる悲しみ、淋しさなど。そんなさまざまな感情が心の澱となり、どこか生きづらさにつながっていくことがあるのです。ミッドライフ・クライシスについて知ったのはこのずっと後になりますが、出口の見えないトンネルの中にいた数年間はまさにミッドライフ・クライシスであり、それまでのパターンから解放される人生のプロセスだったのです。

私の旅はまだ続きます。教育分析を受けた後にアートセラピーを一年間学びました。アートセラピーの手法を学びながら自己を深めていきます。修了後、ドリームセラピーを学びました。夢は潜在意識の奥にある超意識と言われている領域から発せられます。現状認識、不安や願望などを見せてくると同時に、問題の解決法についてのアドバイスも伝えてきます。奇妙なストーリーにも理由がありま す。夢の活用法については後ほど詳しく述べますが、トンネルの出口に導いたのは私が三歳の頃に見た夢だったのです。

人生は創造していくもの

出口の見えないトンネルに入ってしまい、(でも、出口のないトンネルはない)と信じて、すでに自分の中にある答えを探しながら進んだこと。これは、「生きていく」「自分をより成長させる」ということにおいて、人生の中で大きな意味を持ちました。そして、この経験は私に多くのインスピレーションとアイディアと知恵を与えてくれたのです。その中で最も大きなものは「人生は創造していくもの」という気づきでした。

『創造』というと、作品を生みだす、ものを作る、というイメージがあるかもしれません。絵がうまく描けなくても、小説を書けなくても、クリエイターというような仕事をしていなくても、私たちはこの瞬間、この瞬間、自分の人生を創造しているのです。とても大袈裟なことに聞こえるかもしれませんが、コーヒーを飲むか紅茶を飲むか、という選択から、仕事を辞めるか辞めないか、この人と結婚するかしないか、という選択まで、私たちは毎日何かしらの選択をしながら生きています。もしかしたら紅茶を選んだことが、その後の人生の流れを作るかもしれない。人生には想像を超えることが起きることがあります。どちらを選ぶか。どうなっていきたいか。人生を創造していくきっかけのひとつが、いま、この瞬間の選択にかかっていることもあるのです。

人生は創造していくもの。もしも私が出口の見えないトンネルの中で何もしなければ、また流されるように過ごしていたのなら、おそらく違う道を歩いていたでしょう。出口のないトンネルはない、と信じて、その答えを自分の中に見いだそうとしていた……これは、自分らしく、より成長できる人生を創造するためのプロセスでした。

人生を創造するというのは、自分が人生という物語のシナリオをしっかりと書くこと。たとえば、ピンチに陥ったとき、そのピンチをどのように切り抜けたら、よりよい人生につながっていくのかということを常に考えていくということです。そのためには自分に厳しい選択をしなくてはならないこともあるし、苦手なことにチャレンジしなければならないこともあるのです。たとえば私にとって教育分析のような人前で自分の暗部をさらけ出すようなことは苦手の中の苦手なことで、本当にやりたくなかったのです。でも、ここを乗り越えなくては自分の中にある答えを見つけることはできないと思い、何とか越えることができました。これもより自分らしい人生を創造するための荒療治だったのです。

夢に現れた心のトラウマ

私が探していた答えはどこにあったのか。それは『三歳の頃に見た夢』の中にありました。この夢が私に示していたメッセージが、暗いトンネルから一気に光の中へ導いたのです。まさに、夢の力を最大限に人生に活かした体験でした。

アートセラピーのコースを修了し、次にドリームセラピーのコースを受講しました。夢を通して自分を深めていく。夢は潜在意識の奥にあると言われている超意識から発せられ、夢主の現状を知らせてきます。自分で自覚していない現状、または見ないふりをしている現状を改善するための方法についての示唆もあるのです。

コースの最後のセッションは、「記憶しているいちばん古い夢」についてでした。**記憶しているいちばん古い夢は、トラウマに直結していると考えられています。**私のいちばん古い記憶にあるのは、『五ヶ月で亡くなった妹が生きていた夢』、おそらく三歳の頃に見た夢です。

「亡くなった妹が、家の近く、商店街が途切れたところにある大きな寺院で子どもたちと一緒に遊んでいた」

この夢は、小さい頃から何度となく思い出していた記憶があります。その寺院の床は円形で、そのまわりの柱の上には玉葱のような形をしたオブジェがのっていて、そこで妹が子どもたちと遊んでいた……という夢です。寺院ですから、その玉葱のようなオブジェは擬宝珠でしょう。朝起きて、母の手を引き夢の中で寺院があった場所まで行ったことを覚えています。でもそこに寺院などはなく、住宅街が続いていました。

さて、この夢がなぜ私のミッドライフ・クライシスを解決する起爆剤になったのでしょうか。生後五ヶ月だった妹は、母がたった五分、目を離した隙に寝返りを打ち損なってしまい、布団で鼻と口を塞いでしまいました。娘の異変に気づいた母親、呼吸をしていない娘に気づいた母親はどうなるでしょうか。それはもうパニック状態になるでしょう。そして強い罪悪感に苛まれ、その悲しみも喪失感も想像を絶します。そんな母の姿を、二歳の私は見たのです。

パニック状態になった母親を見て、二歳の子どもは心の中で何を決めるでしょうか。ここがまさに、トラウマの仕組みの大きなポイントです。このとき、二歳の私は心にこう決めたのです。

「ママに絶対心配をかけない。心配をかけたら、ママを悲しませるから」

何でも自分でやろう、心配をかけてはいけない。ですから、私は誰にも弱音を吐いたこともなく、淋しいとか辛いとか言うことなく三十過ぎまできたのです。何でも自分でやらなければならない。誰かに頼る、委ねるという発想はありませんでした。小さい頃からそういうものだと思っていました。

しかし考えてみると、これはとても孤独なことではないでしょうか。何もかも自分でやらなければならない。小さいときからそう自分に課したのです。自分のことは自分でするのがあたりまえのこと……もちろんそう思います。しかし、人はひとりでは生きていけない。誰かと支え合うこともまた、人生の一場面になるのではないでしょうか。

弱音を吐きたい場面は、何度もありました。向かい風の中を歩いているような時期もありました。もちろん仕事をするようになってからも、誰かに頼る、委ねる……そういう記憶がほとんどないことに気づいたのです。誰にも頼らなかったし、委ねることができなかったという表現が正しいかもしれません。

まさに、ここに私の生きづらさの原因がありました。**安心して委ねることができる自分になること。これが私の人生に必要なシナリオでした。**胸につかえていたものが、一気にお腹の底へ落ちていくのがわかりました。腹に落ちる、とはこのこと。人生を変える大きな気づきは、肉体的な感覚を伴うのです。「目の前が明るくなる」という表現がありますが、まさにトンネルを抜け光の中に立った感覚もありました。

「結婚しよう」

と、このとき決意しました。何の迷いもありません。鋭く深い直感です。「結婚しよう」という決意は、結婚願望からではありません。依存したいということでもありません。**安心して誰かに委ねるというチャレンジこそ、私の人生にとっての大きな学びだと気づいたのです。**そして、ふたりで生きていくということも、私にとって大きな学びになると思いました。そこには調和が必要です。ハートマークいっぱいの結婚のイメージは一切ありません。誰かと生きていくということが、私自身を成長させると確信しました。

私はすでに、ひとりで築いていく世界を持っています。その世界の中で私はとても自由であると同時に、孤独でもあります。そのとき、特定の相手はいませんでしたが、相手もまたひとりの世界を持っていて、その中で自由であり孤独なのでしょう。ふたりで生きていくという学び。あたりまえのように結婚生活を送っている人がほとんどだと思いますが、結婚はエゴとエゴがぶつかりあい、鍛錬し合いながらそれぞれが魂磨きをする、究極のチャレンジなのだとこのときに確信しました。

この大きなブレークスルーの一年後、出会いがあり結婚しました。私と同じく、夫も結婚は鍛錬だと思っているようです。究極のチャレンジから生まれるものは、まさに喜びと鍛錬力と……人生の妙味を感じます。

『アウト・オン・ア・リム』にはじまり、ドリームセラピーでブレークスルーした私の数年間。あちらこちらをめぐりましたが、何ひとつ無駄なことはなかったと思っています。その数年の時の流れは、私を魂の在り処へと導いてくれました。

平原綾香さんが歌った『Jupiter』の中で「望むように生きて　輝く未来を」と書きました。望むように生きるとは、私たちが意識の表層でああでもない、こうでもないと思っていることではありません。心の静寂にそっと耳を傾けたときに、その静寂の向こう側から聞こえてくる自分が本当に望んでいること。『Jupiter』の歌詞も、この数年間にもたらされた気づきとインスピレーションの数々から生まれたのです。

自分らしく生きるための、自分を成長させるためのメッセージ。心の深淵への水路をひらいていきましょう。これでいいのだろうか、自分はこれからどうなるのだろう……このようなもやもやとした気持ち、ミッドライフ・クライシスと呼ばれるこのステップこそ、後半の人生を豊かに生きるための通過点なのです。そして、この時期をどう越えていったか、ここに、ミッドライフ・クライシスを越えるヒントがあるのです。

「もやもや」に対処するための心構え

なぜ漠然とした不安やもやもやに襲われるのか。三十代を過ぎて「自分とは何者なのか」「人生、このままでいいのか」と、根源的な疑問にぶつかってしまうのか。仕事、家族、結婚、人間関係……働き盛りである一方で、背負うものも多くなる時期です。単にストレスが溜まっているのかもしれません。しかし、そのことがきっかけとなり、自分のアイデンティティがわからなくなることもあるのです。ミッドライフ・クライシスという通過点がある、ということを知っているだけでも救われます。もしも女性たちが十代の初めに月経がはじまるということを知らなければ、突然の出血に驚きます。でも、それが身体の仕組みであることを知っているから対処できるのです。ミッドライフ・クライシスもこれと同じことです。そういうことがあるということ、『ミッドライフ・クライシス』という言葉を知っているだけで、心構えができる。

「人間は、中年期に根源的な迷いや不安を抱くように出来ている。それは心が成長していくプロセスのひとつである」

この知識があるだけで、トンネルを進んでいく勇気が持てるのです。

では、なぜ中年期に「自分はこのままでいいのか」という根源的な疑問が湧いてくるのでしょうか。それは思春期で私たちが身体の成長と心の成長の間で不安定になり、親の束縛から逃れようとし、自分を見つけようともがいた時期に似ています。自分をどう扱っていいか自分でもわからずイライラする。親に批判的になる。私たちにも覚えがあります。親にとっても子どもにとっても厳しい時期ですが、大人になるために必要な通過儀礼です。

三十代を過ぎると、ストレスもありますが、身体も徐々に変化していきます。ホルモンも減少し、体力も落ちはじめます。家族のことについても親の介護がはじまる、子どもの受験があるなど、夫婦関係、親子関係のバランスが変わってきます。職場でも責任のある立場になることもあれば、挫折を経験することもあるでしょう。

妻として、夫として、親として、子どもとして、社会人として、私たちはいつしか多くの『役割』を生きるようになります。すると、いちばん根源的である『自分』という存在が埋もれてしまうのです。

十分に大人になっている私たちですが、「これは本当の自分ではない」ということに気づいてしまう……**本来の自分と、生まれてから身につけてきたさまざまな自分との間の乖離をもう無視できなくなってくる……これがミッドライフ・クライシスなのです。**

生まれてくるときは裸です。私たちは肌着をつけ、服を着て、靴下、靴を履き、時計やアクセサリーをつけています。裸の自分が本来の自分のパーソナリティ。そして身につけているものは中年期になるまでに獲得してきたパーソナリティです。生育過程で身につけてきたものの見方、価値観が正しいと思い込んでいる。でもそれによって、本来の自分は生きづらさを感じてしまうのです。

幼い子どもにとって親は全世界です。親の価値観、親の不安、怖れ、怒り、喜びは、そのまま子ども自身に反映されます。たとえば、親の不安は、子どもの不安になります。すると、子どもはどう反応すれば親にとっていいことなのか、無意識のうちに決めてしまうのです。私が、パニックになった母を見て（ママに心配をかけてはいけない。みんなひとりでやろう）と決めたように、無意識で身につけたことがあります。いいとか悪いとか、そういうことではありません。それが、本来の自己が身につけてしまう獲得した自己なのです。

そのバランスが保たれなくなったとき、もう抑え込むこともできない、他のことで補うこともできなくなり、生きづらさを感じる。「自分は何者なのだろうか」「このままの生き方でいいのだろうか」という不安や疑問が湧いてくるのです。イメージとしては、『本来の自己』の上に形成された『獲得した自己』との間に亀裂が入り、そこから不安や疑問が吹き出してくる感じです。

私が三十代の前半に体験したトンネルが、まさにミッドライフ・クライシスでした。このトンネル期を乗り越えることによって人生の舵を大きくプラスに切ることができる。これこそ、人生を創造していくことにつながる大事なところですから、いま、もやもやとしている人、漠然と不安を抱いている人にぜひ伝えたいのです。出口のないトンネルはなく、これは通過点でしかありません。そして、もっとも大切なことは、通過点であることを知り、前向きに挑んでいくということです。自分を深めることに前向きになり、挑んだときに『変容』が起き、人生の質が上がるのです。

蝶は、最初からあの美しい羽を持っていたわけではありません。青虫から、蛹《さなぎ》になります。そして蛹から羽化すると、美しい蝶となって飛び立っていきます。あの蛹の中はどうなっているのでしょうか。蛹の中で、青虫は溶け、身体を作り替えています。それがどれほど大変なことなのか。自然界の凄まじさを感じます。身体を溶かすという苛酷なプロセスを経て、あの美しい蝶へと生まれ変わる。

私たちも同じです。心を変容させていくのは大変かもしれません。葛藤を乗り越えていくには、自分を冷静に見つめる力と、気づきの積み重ねが必要です。一枚ずつ薄皮を剥いていくような感覚です。私たちの身体の細胞は日々入れ替わり、六年ほどかけてすべての細胞は入れ替わるそうです。身体の中で死と再生がくりかえされているように、心も意識も死と再生をくりかえしているのです。

生きている間に、何度も生まれ変わることができる。私たちの中の古い心、古い考え方が『死ぬ』からこそ、新たな自分に生まれ変わることができる。心身共に、人はそのように出来ているのです。不安も喜びも、創り出しているのは自分です。求めている答えは自分の中にあると思えたなら、必ずそのトンネルの先に光は見えてくるのです。

人生という旅を楽しむ

こんな夢を見ました。

「私は車で山を登りはじめる。車で行けなくなったので車を降りると、そこに土管のようなトンネルがある。肩をすぼめて、『ママ、行くよ！』と言って通ると、また登山道に出た。そのまま登っていくと頂上にアメリカのエドガー・ケイシー財団の人たちと、元女優でヒプノセラピストの宮崎ますみさんが待っていてくれました。そしてレストハウスのテーブルの上に、『AWARENESS』（気づき）というタイトルのCDがある」

これは、二〇一四年の一月の半ばに見た夢です。私にとっては初夢のようでもあり、人生の節目に見るような夢でもありました。

夢はその人の現状を伝え、問題の解決法を示すと同時に、勇気づけでもあります。この夢はまさに、生きるとはどういうことなのか示してくれた、とても意義のある夢でした。私の夢ですが、私のためだけではなく、多くの人にとっての普遍的なメッセージを含んだ夢なので、解釈してみましょう。

まず、車で山を登りはじめます。車だと楽な感じがしますが、車では登れなくなります。これは、それまでの自分のやり方が立ち行かなくなっている、やり方を変えるようメッセージしている箇所です。そして、普通のトンネルではない、やっと通れるくらいの土管のようなトンネルです。私はそこを這うようにして通るのですが、夢の中で（これは産道だ）と思っています。トンネルに入る前に「ママ、行くよ！」と言っている。私は生まれるときに母親を選び、宣言してから誕生したのでしょう。これは、生まれるときの覚悟であり、現世での覚悟です。

トンネルを出てから山道を登っていきます。夢の中で「山に登る」というのは、自分を探求していく、という意味があります。そしてたどり着いた頂上では、魂を高貴なものとして扱うスペシャリストが私を迎え入れてくれる。そして、『AWARENESS』（気づき）というCDが意味するのは、そうして自分を探求する道の先には、気づきというギフトがある。それもCDなので、もっと楽しんで、もっと楽な気持ちで山道を楽しんだらどうですか？　とメッセージされているような感じがしてならないのです。

山道を楽しむ……とはどういうことでしょうか。山に登るのは、楽なことではありません。黙々と足元を見ながら登る。ただ、頂上に到達することだけを目指す。山道を楽しむとは、途中の景色を楽しんだらどうですか？　谷や崖や、石ころだらけの道もあるかもしれないけれど、それすら楽しんだらどうでしょう？

と夢は伝えてきているのです。

途中の景色が示すのは、生きている間のさまざまな体験でしょう。厳しいときも、ピンチもあるかもしれない。でも、すばらしい景色に出会うこともあるし、美しい花やパワフルな木々の中を進むときもあるでしょう。それらすべてを丸ごと楽しむように進んでいく。山を登っていく間にはいろいろな光景に出会い、いろいろな道があります。私たちの目に映る光景は、心で見る光景でもある。苦しさばかりに囚われていたら、石ころだらけの道は歩きづらい。でも、それも成長のためのプロセスのひとつなのだと思えば、石を確かめながら登ることができます。人生で起こることすべてを楽しみなさい、と言っているような感じがするのです。

『土管』、夢の中でも（これは産道だ）と思っているように、まさに新しい自分に生まれ変わるための産道だと捉えています。それも、「ママ、行くよ！」と宣言してから入るのですから。そして山の頂上には、人と、その人の魂をつなぐような活動をしている人たちが待っている。そこには祝福があるのです。

人生を旅だと考えてみましょう。いろいろな場所をめぐる旅です。見たことのない光景に出会います。晴れの日ばかりとは限らない、さまざまな天候の日があるでしょう。どんな光景を、どんなお天気の日に見ているのでしょうか。

たとえば、せっかくハワイに行ったのに、雨が続いていたら？　嵐だったら？　そのハワイの旅は台無しになってしまうのでしょうか。久しぶりにハワイ島に行ったときに、五十年ぶりのストームに当たってしまったことがありました。尋常ではない豪雨です。もう笑うしかありません。部屋で本を読んだり、友人と会ったり。インドアで楽しむことに徹しました。そして、ストームが過ぎ去った後の空と海の美しさったら！　晴れ渡った喜びと共に、その美しさを忘れることができません。

ここではたとえ話として「人生を旅だと考える」とお伝えしていますが、実際旅に出たときにお天気に恵まれず、（晴れていたらよかったのに）（お天気がよかったらもっと楽しめたのに）と、こだわってしまうことはないでしょうか？　天気は、自分でどうすることもできません。自分でどうすることもできないことに執着すればするほど、心は重くなり、旅を楽しめなくなります。

これは、日々の中でも言えることです。人生という旅も、いつも晴れているばかりではありません。穏やかな時期もあれば、嵐のような日もある。竜巻もあるし、日照りもあるかもしれません。**受け容れて、学び、知恵を絞り、楽しみ、その中でどんな感動や想い出を残せるか。旅の途中で出会うさまざまな風景を楽しむこと。山も谷も崖も急流も楽しむこと。**そして、旅先ではいろいろな人とも出会います。すれ違う人もいます。出会った人たちと、何を創造できるか。

私たちは、生まれたときから人生という旅を続けているのです。ひとつ残念に思うのは、ずっと同じ景色の中にいられないということです。こんなところに来るつもりはなかった。こんなはずじゃなかったと思うこともあるでしょう。あたたかい日差しの降り注ぐ楽園にいたくても、そこを離れる日がくるかもしれません。どこを目指すのかわからなくなり、一歩も進めないときがあるかもしれません。

そんな中で私たちにできることは、**たとえ極寒の地にいても、嵐の中にいても、そこに『楽園』を見いだすこと。また、自分の心の中にいつも『楽園』があることです。**幸せ感をいつも感じていられるスペースと感性を大切にすることで、心の中に楽園を得ることができるのです。

人生は旅である。そして、人生はその旅の物語。おとぎ話、冒険物語、神話の中で、主人公たちは困難を乗り越え、道を阻む敵と戦いながら前へ進んでいきます。生きるということも、宝物を見つけにいくアドベンチャーです。敵とは誰のことでしょうか。ライバルか、仕事相手か、理解がなかった親でしょうか。それとも自分を虐めた誰かでしょうか。

襲ってくる敵も、険しい山も、嵐も、実はすべてが自分なのです。もう少し詳しく述べるなら、それらが敵になるか、味方になるか、そのジャッジも自分の中で起こっていることなのです。実際、おとぎ話や冒険物語、神話は、物語を通して心と魂の成長を促すものとして伝承されてきたものです。鬼退治の鬼は、自分の中にある我、エゴを表し、そこにはそれを退治することの必要性と勇気づけが込められているのです。

人生という冒険物語。わくわくしながら物語を綴っていきましょう。

第2章

幸運体質になるための土台を作る

己の立てるところを深く掘る
～ライフアーティスト・プログラムの創設

三十代のトンネル期……ミッドライフ・クライシスを経験し、私は創造性を持って生きていこうと決めました。創造的に生きるとは、起こることを糧にし、常に自分と向き合いながら心の次元、生き方の次元を上げていくことです。そして、本当に自分が望んでいる人生を手にしていくことです。

自分の中に、求めている答えはある。こう確信できたのは、深い意識の底から発せられる夢によって、トンネルから光の中に出ることができたからです。

「己の立てるところを深く掘れ。そこに必ず泉あらむ」

明治の思想家である高山樗牛の言葉です。迷いが出たとき、私はいつもこの言葉を思い出します。「井戸を掘る」ことも「山に登る」と同じように自己を探求していく象徴です。答えは手の届かないところにあるのではなく、ここにある。

こんなに勇気づけられることはありません。
この経験とアートセラピー、ドリームセラピーの技法を基に、ライフアーティスト・プログラムを作りました。安心安全な場で五感と心を磨きながら、「あるがままの自分」にリーチしていくプログラムです。

タフで、美しいマインドとスピリットを身につける。
小さなことにも感動できる。
ピンチをチャンスにしていく視点を得る。
自分のすべてにOKを出し、魂が喜ぶように生きられるようになる。
生きることはすばらしい！　と、心から喜べるようになる。

幸せ感を高め、まずは毎日の「うれしい」を感じる感性を磨きます。運気を高める生き方、在り方を実践します。本当に望んでいることとは何か……ということを通して「あるがままの自分」、心の奥にいる「もうひとりの自分」とつながっていくのです。

「大切なものは目に見えない」

サン・テグジュペリの『星の王子様』の中に出てくる有名な言葉です。心で見なくては、物事の『真』はわからない。私たちにその『真』が見えているかどうか。日々起こること、日々思い悩むことを心の目で見ているかどうかと聞かれたなら、なかなか「はい」と言えません。心の目を曇らせる何かが邪魔をするのです。しかし、その何かについて、私たちは多くのことを知りません。

心の目を曇らせるものは、どんなものなのでしょうか。先入観、こだわり、思い込み……このような思考や感覚も、いつのまにか身につけてしまったものです。あるがままの自分の上に下着や服やアクセサリーを重ねていくように。必要のない百個のものを抱えているより、本当に大切なもの、本当に必要なものだけを手にすることのほうが、どれだけ自分らしくいられるでしょうか。これから、本当に大切なものを確認し、幸福感を高めていきましょう。

まずは自分を大切にすることからはじめる

あなたの大切なものは何ですか？　直球の質問です。命、家族、仕事……多くの人が、ちょっと考えてからこのように答えます。

あたりまえのようにあるので、自分にとって本当に大切なものについて、意識することはないかもしれません。しかしながら、大切なものには、大切にする仕方というものがあります。それには、それが何なのかをちゃんと知っておく必要があります。

これから、自分について『棚卸し』をしていきます。棚卸しをすることで自分を知り、そして手放すものは手放し、必要なものをとっていく。もしかしたら、本当に必要なものを選んでいないかもしれません。つまり、自分が本当に望んでいることに気づいていないことがあるのです。自分にとって本当に大切なものは何か？　問いかけてみましょう。

命、家族、仕事……その答えは人それぞれです。興味深いことに、『自分』と答える人は少ないのです。確かに、私がそう質問されたら即座に『娘』と答えるかもしれません。かけがえのないという言葉の重みを教えてくれた娘です。命に替えても守ります。それと、「本当に大切なもの」というのは違うのです。本当に大切な自分があってこそ娘を守ることができる。まずは自分そのものを大切に思い、大切に扱うことが大事なのです。

今生、何のために生まれてきたのか。本来、望むような自分になっているのか。そのことを問うていくと、答えはイエスばかりではありませんでした。オーストラリアの看護師が語った「死を前にした人たちが口にした後悔の言葉」について、ウェブ上でいくつもの記事が紹介されています。

「もっと自分らしく生きればよかった」

「あんなにがむしゃらに働かなくてもよかった」

「もっと友達に連絡すればよかった」

「もっと言いたいことを言えばよかった」

「もっと幸せになろうとすればよかった」

これらの言葉は、まさに自分を大切にすることにつながります。もっと自分らしく……自分らしいとはどんなことか、すぐに答えられるでしょうか。

明日、自分が死を迎えるとします。いま、後悔していることを考えてみましょう。私自身、（精一杯やってきた）（たくさん作品も書けた）（いい家族に恵まれた）……と、（後悔することはない）と思いたい自分がいます。その一方で、（本当にそう？　本当にやりたいと思っていることがまだあるでしょう？）（もっと弾けたかったんじゃないの？）（いまの自分が、本当の自分？）と言っているもうひとりの自分もいます。

もうひとりの自分が言っていることは、欲張りなことでしょうか？（幸せだった）と、いまの自分でもきっと言うでしょう。しかし、もっと自分らしくできたのではないか？　と自分に問えば、（もっと自分らしくできたはず）と答えるでしょう。

誰もが、幸せになろうと望んで生まれてきました。自分の持っている特質を生かして、自分らしく生きようと思って生まれてきたのです。何の才能もない人はいない。悩むためだけに生まれてきた人もいないのです。

ここまでくる長い年月の間にいろいろなことがあり、さまざまな経験をし、いまの自分になりました。不本意なことも、傷ついたこともありました。手放すことができない感情もあれば、なかったことにしたい感情もあったでしょう。こんなはずじゃなかったということもありました。

経験によって心が磨かれ、経験によって多くのことを学び、身につけました。その一方で、いらない荷物をたくさん抱えている自分もいるのです。

「あなたにとって本当に大切なものは何ですか？」

それは『自分』であり、『本当に自分が望んでいること』だと、いま、私は思っています。本当に大切なものは『自分』だと答えられるようになったとき、なぜかほっとしました。それは、抱えている荷物を下ろしてもいいのだ、という安堵感かもしれません。

幸せを感じる感性を高める方法

ふたつめの直球の質問です。

「あなたは幸せですか？」

この質問に、即座に答える人もそう多くはいません。思った以上に、「そうでもない」と答える人が多いのです。そして、「では、どうなったら幸せだと言えますか？」という問いに、「うーん」と、多くの人が考え込みます。そして「幸せと言えば、幸せだと思います」とワンクッションおいて答えるのです。

幸せか幸せでないかは、自分で決めます。何を大切に思っているか、幸せか幸せでないか。それは、心の在り方によるのです。「誰かが幸せにしてくれる」のではなく、「幸せになる」のでもなく、「幸せは感じる」ものです。幸せでも不幸せでも自由、自分次第です。ですからもっと幸せでありたいと思うのなら、幸せを感じる感性を高めるといいのです。いままで見えていなかったものを見る。気づかなかったことに気づく。いつも幸せ感にあふれていることは、そんなにむずかしいことではありません。

では、なぜ幸せを感じられないのでしょうか。その理由は何でしょうか。たとえば、お金がないから幸せではない。仕事がおもしろくないから幸せではない。恋人がいないから、家族の仲が悪いから。自分の容姿を好きになれないから。ほしいものを手に入れられないから……。

では反対に、お金があったら幸せになれるのでしょうか。仕事がおもしろかったら幸せになれるのでしょうか？『ない』より『ある』ほうがいいかもしれません。でも、幸せになれる確証はありますか？

気持ちの焦点が『ないもの』『持っていないもの』に当たっている限り、幸せ感を得るのはむずかしいでしょう。幸せを『たられば』で考えている限り、満たされることはないのです。幸せ感を得られなくなる負のスパイラルがあります。

持っていないものがたくさんある→持っていないものを数える
ほしいものがたくさんある→もっともっとほしくなる
他人と比較する→嫉妬心が生まれる
幸せでない原因を人のせいにする→親、夫、恋人、会社、社会などに不信感を持つ
幸せになれないのを自分のせいにする→自分を愛せない、自罰的になる、自己憐憫
幸せになる資格がないと思っている→自己肯定感が低い
認められたい、愛されたいという飢餓感がある→落胆する、自己顕示欲が強くなる
自分のしていることにやりがいを感じられない→退屈、満足感がない

こうして幸せではない理由を数えていると、どんな気持ちになるでしょうか。ないものを数え、それが「よーし、がんばろう！」につながるのならいいのです。しかし、大抵の場合、落胆し、やる気が出なくなるでしょう。私たちはつい「持っていないもの」に目を向けてしまいますが、すでにどれだけ多くのものを持っているかということに軸足を置くことで、意識や状況に大きな変化が起こります。

そこで、いまある幸せ、持っているものに意識を向けます。与えられた恵み、自分が持っているものをリストアップしてみましょう。『雨風をしのげる家』『生活の糧を得る仕事』『元気な身体』『いつも励ましてくれる友達』『走るのが得意』『人を笑わせるのが得意』……というように、どんな小さなことでも自分に与えられた恵みを数えていきます。得意なことも、与えられた才能です。コーヒーをおいしく淹れられるのも才能です。才能は与えられた恵みです。「努力できる」ということも天分です。毎日、元気でいられるのも恵みです。病気を回復したことも、恵みです。どんどん紙に書いていきましょう。もうこれ以上思いつかない……というまで書きだします。

さて、書き上がったところで、どんな気持ちでしょうか。だんだんうれしくなってきませんか？　感情を感じてみましょう。ありがたさがあふれてくるのではないかと思います。

ブロードウェイ・ミュージカルの『RENT』は、ニューヨーク、イーストビレッジの若者たちがエイズや貧しさの中で、いまこの瞬間を生きることの尊さを賛美する物語です。一九九六年の初演以来、ロングラン公演を重ね、レントヘッドと呼ばれる熱狂的な多くのファンに愛されているミュージカルです。日本でも東宝ミュージカルによって制作され、再演を重ねています。

一年を愛で数える

『RENT』のメインテーマともいえる『Seasons of love』という歌があります。

「一年間を何で数える？　夜明けの数、夕陽の数、夜更けのコーヒーの数、ケンカした数、笑い合った数……」

「そう、一年を愛で数えよう」

どれだけの愛があったか。どれだけ愛せて、どれだけ愛されたか。その愛とは男女の愛もありますが、人と人との間で交わされる言葉ひとつに、コーヒーを手渡すその手に、どれだけの愛を込められるか。愛とは特別なことではなく、常にここにあり、分かち合うもの。そんなメッセージが込められています。

この歌は、与えられた恵みに意識を向けることによって幸せ感が高まるということを歌っています。幸せ感が高まるということは、ありがたいという感謝の気持ちが高まるということです。あたりまえのことなどひとつもありません。いま、この瞬間に心臓が止まってしまうかもしれない。次の瞬間に何が起こるかわからない。この数十年に起こった震災や災害で、私たちは一瞬にしてすべてを失ってしまうのを目の当たりにしました。こうして、無事に元気にいられることが、いかに奇跡的なことか。私たちは、常にそのリスク、可能性とともに生きていることを忘れてしまいます。忘れてしまうと、それがあたりまえになってしまう。あたりまえになると、感謝しなくなる。感謝しなくなるということは、喜びがなくなるということです。

もっと遡れば、生まれてきたことも奇跡、大好きな家族や友だち、恋人に出会ったことも、ものすごい確率で起こったことです。『縁』というのは仏教用語で、「いま起こっている出来事はすべてつながっている。そのひとつが欠けても、いまはない」ということです。ですから、あたりまえのことなどひとつもない。タイミングが少しでも違っていたら、出会えなかったのです。こうして考えていくと、すべてのことが愛しくなりませんか？　大切にしよう、という気持ちが湧いてきます。

このようにプラスのことを意識する習慣が身についていくと、どんどん幸せ感の感度は上がっていきます。するとプラスのことを引き寄せるようになります。こう考えてみてください。誰かにプレゼントをしたとき、相手が喜んでくれたら贈り主もうれしくなります。こんなに喜んでくれるのなら、また何か素敵なものをプレゼントしたい、と思うでしょう。これと同じことです。いまある幸せ、与えられた恵みに感謝して喜べば、また喜ばしいことがめぐってくるのです。

いまある幸せを喜ぶことができると、ささやかなことでも幸せな気持ちになります。すると、さまざまな変化を感じることができるでしょう。

不安、不満がなくなる。

悪口や愚痴を言う気がなくなる。
目先のことにとらわれなくなる。
いまこの瞬間を大切にできるようになる。
他人に寛容になる。
心に余裕ができ、世の中、人の役に立ちたいと思える。
よいことが、どんどん起きる。

「幸せになりたい」ではなく、「すでに幸せである」というスタンスに立つのです。それは、すでにポイントが付与されたポイントカードを持っているようなものです。「あれもない、これも持っていない」というのは、マイナスからのスタート。ゼロポイントまで持っていくのが大変です。プラスに、プラスしていくのです。このマインドを持っていると、たとえピンチに陥ったとしても余裕を持って対処することができるのです。

ありがとうのワーク

もうひとつ、「ありがとうのワーク」をご紹介しましょう。誰も、ひとりでこれまで生きてきたわけではありません。多くの人の支えで、アドバイス、心を寄せてくれたことがあって初めて、いま、ここに存在しています。お世話になった人、支えてくれた人、一緒にいてくれた人、手伝ってくれた人……どんなささやかなことでもサポートしてくれた人を思い出して、ノートに書いていきましょう。するとこれまでの多くの出会いの中に、宝物がたくさん埋まっていることに気づくでしょう。その中のひとりが欠けても、いま自分はここにいない可能性があるのです。

そしてリストアップするときには、「○○をしてくれてありがとう」と理由を述べてから名前を書くようにしましょう。具体的に思い出すことで、より一層感謝へ心が向かっていくようになります。「ありがとうのワーク」は、いかに自分が多くの人に支えられ生きてきたかということを再確認するためのワークです。もうこれ以上思い出せないというところまで書いてみましょう。すると、何もかもがありがたく、ただありがたく、あふれるばかりの感謝で胸がいっぱいになることでしょう。

ミッドライフ・クライシスであっても、人生がうまくいかないと思っているときでも、自分自身の棚卸しをすることで、『何か』が見えてきます。自分がしてきたこと、自分が思ってきたこと、いま思って、いま感じていること。ひとつひとつを取りだして、それを持っていたいかどうか、必要か必要でないか、決めていきます。

シンプルに、シンプルに考えていきましょう。物事を複雑に捉えない。ただただ、いま、幸せであることを喜ぶことができたら、それだけでうれしくなりませんか？　そのうれしい、ありがたいという思いにどんな花が咲き、どんな実がなるのでしょうか。物事の捉え方ひとつで心が楽になることがあり、物事の捉え方ひとつで状況が変わるのです。まさに、ここに人生の創造性があるのです。

「生きているだけで丸儲け」という発想を持つ

「自分に自信がない」という多くの人に出会います。「自分のことを好きではない」という人もたくさんいます。そこには謙遜もあるかもしれませんが、「自分に自信を持つ」「自分を好きになる」ということを意識してこなかったということもあるかもしれません。

では、どんな自分になったら自信を持てて、自分を好きになれるのでしょうか。思うような自分になっていない。たりないものがいっぱいある。ないものを数えて幸せな気持ちには……なりませんよね。

思うような自分になっていないことを嘆く。たりないものを数えて嘆く。嘆いているとき、あなたは「いま、ここ」にいないのです。いま、ここにいる自分を受け容れる。唯一無二の存在であり、誰も代わりのできない自分という存在。それが思うような自分でなかったとしても、「かけがえのない存在、命」としての自分であることはまぎれもない事実です。多少、大袈裟な表現になりますが、まずそれを喜びましょう。

明石家さんまさんの座右の銘と言われている「生きているだけで丸儲け」という言葉があります。彼は三歳のときに母を亡くし、父が再婚し、継母となった人から存在を無視するような扱いをされてきたそうです。継母の連れ子である義理の弟をかわいがり、芸人になってからもずっと仲良くしていたのですが、実家の火事で弟は亡くなってしまいます。そして、一九八五年に起きた日航ジャンボ機墜落事故。この一二三便に乗るはずだった明石家さんまさんは、東京での仕事が早く終わり一便前の大阪行きに乗り、難を逃れたそうです。この経験から実感する「生きているだけで丸儲け」という思いは、とても深かったのではないかと思います。

「自分に自信がない」「自分のことを好きではない」と言っているとき、どんな気持ちがするでしょうか。「自分は奇跡のように存在している」という気持ちと比べてみましょう。そして、自分が幸せだと感じる気持ちを選択してください。

運が下がる言葉を使わない

言葉はその人を語ります。言葉は、その人の文化を語ります。それは、美辞麗句を並べることでも、難しい言葉を使うことでもありません。言葉は、時にあたたかい毛布にもなり、ナイフにもなります。同じことを伝えるにも、言葉や言い方によって伝わり方は違います。

インターネット上で、読むに堪えないような批判や攻撃のコメントが繰り広げられています。匿名性の高いインターネットという世界で、言葉を守ってきたシールドが一気に破れた感があります。そんなことを面と向かって相手に言えるだろうか。そう問うてみたくなる言葉の応酬です。

時代の閉塞感が高まっているとも言えるかもしれません。でも、どんなに閉塞感があったとしても、それを言ってしまうか、書いてしまうかというのは、人それぞれの美意識にあります。ひどい言葉を発したくなる、発してしまう自分の気持ちにこそ、問題を解決する糸口があることに気づいてほしいと思います。

いにしえの時代から、言葉にはそれを現実に叶える力があると信じられてきました。これが言霊です。たとえば、「やばい」という言葉を例にとってみましょう。「やばい」という言葉は、もともと江戸時代の泥棒の「まずい」「ばれてしまう」という意味の隠語です。つまり、やましいことがあるときに使われる言葉です。ですから、「やばい」と口にすることは、心にやましいことがあるということの現れです。そして言霊ですから、「やばい」と言うたびに、「やばい」ことが現れるのです。

「やばい」という言葉の響きはどうでしょうか？　決して気持ちのいい響きとは

言えません。最近では「すごい」という意味を表す使い方をされるようになり、若い人の間では「やばい」という言葉のやりとりだけで会話が成り立つこともあるようです。言葉は時代によって変化していくものですから、これも変化のひとつなのだと思います。若い人が仲間の中で使っている分にはまだいいのですが、大人も普通に使っているのを耳にします。その言葉が自分を美しくするかどうか、もっと言葉に対して敏感であってほしいと思います。

「やばい」という言葉に限らず、運が下がるような言葉は使わないことです。なぜなら、言葉はその人を語り、文化を語るエネルギーだからです。心がざわざわするときには、丁寧な言葉を心がけます。すると、心が落ち着きます。心と言葉はシンクロしています。言葉を整えると、自然と心が整っていくのです。

いつもの言葉をポジティブな表現に置き換えてみる

幸せ感を感じられない。何かが足りないという不足感。言葉は思考につながっていきます。これらを言葉の面から考えていきましょう。

日頃、自分が使っている口癖、使いがちな言い方はないでしょうか。たとえば、否定的な言い方を多用しているのは、物事を否定的な側面から見ていることが多いのです。そのようなネガティブな言葉や言葉遣いをすればするほど、ネガティブな方向へ引っ張られます。まず、自分がどのような言葉を使っているか意識してみましょう。

繰り返しになりますが、「意識する」ということは、ときどき自分と距離を置いて眺めてみる、ということです。（あ、いま、ネガティブ・ワードを使ってしまった）（あ、いまの言い方は相手を傷つけてしまうな）というように、気づいていくこと。そこで、いいとか悪いとか、ジャッジをしなくていいのです。ただ、眺める。自分と距離を置いてと言いましたが、それは逆に自分自身と一緒にいることなのです。

話を言葉の癖に戻しましょう。「～しなければならない」「ねばならない」という言い方は、まさに言葉が思考そのものを表している典型的なパターンです。「～しなければならない」という人は責任感が強いとも言えますが、それ以上に自分の作った枠や、強い義務感に縛られています。

「明日までにこの仕事を終わらせなければならない」

「今月は売り上げをもっと上げなければならない」

このような言い方、思考をしていると、プレッシャーばかりが大きくなり、自由さが奪われていきます。やらなければならないことは、数えきれないほどあります。それらをより創造的に生かしていくためには、まず言葉、言い方を変えていきます。

「〜しなければならない」「ねばならない」を、Let'sに置き換えてみましょう。

「明日までにこの仕事を終わらせよう！」

「今月は売り上げをもっと上げていこう！」

Let'sに置き換えてみると、元気が出てきませんか？　この言い方には、自分を鼓舞するエネルギーがあるのです。プレッシャーにするかエネルギーにするか。言葉によってまるで違うものが生まれます。


「〜するべき」という言葉にも、「〜しなければならない」と同じような重い締めつけを感じます。

「妻は夫に従うべきである」（古い時代のことですが）

「努力するべきだ」

「仕事は真面目にするべきだ」

何気なく使っている「〜するべき」という言葉には、マインドコントロールにつながるような威圧感、束縛感があります。正論を振りかざしている感もあります。言われれば言われるほど苦しくなります。反対に、自分では決意のつもりで「もっと努力すべきだ」「もっと仕事量を多くするべきだ」と思えば思うほど、重くなります。

この言い方の束縛感に気づいたのは、ある人が「～するべき」という言葉を「連発」していたことからでした。

「吉元さん、ここの一行は○○にすべきではないですか？」

「吉元さん、○月にはリリースすべきだと思います」

「吉元さん、こういうときは○○にすべきですよ」

最初は（なるほど、そうか）と聞いていたのですが、あまりの「～するべき」の多さに、その言葉の呪縛性に気づきました。言われる方も締めつけられますが、連発しているその人も、その人の思考も、柔軟性に欠けていました。このような言い方は、言われた人よりも、実は発している人を締めつけているのです。

自分を苦しくする言葉は使わない。「～するべき」ではなく、「～してみましょう」「～してみたらどうですか？」というポジティブな表現に置き換えて

いきましょう。

また、「でも」「だって」「だったら」「だけど」「っていうか」といった、相手の話を即座に否定、反発するような言葉についても意識をめぐらせてみましょう。これは、たとえるなら、壁にボールを投げ、跳ね返ってきたようなイメージです。相手の話を受け取ることなく、即座に否定する。これではコミュニケーションは成り立ちにくく、相手も気まずくなるでしょう。

反論したくなる話であっても、一度「なるほど」「そういうこともあるのね」と受け取る。ちゃんと会話のキャッチボールをすることです。「でも」「だって」「だけど」と言いたくなるのは、その人の中に満たされないものがあるからではないでしょうか。またプライドの高さも、相手を否定するこれらの言葉につながります。

「でも」「だって」「だけど」に続くのは否定か、言い訳です。これを繰り返していては、前に進むことはできません。

会社もつまらなくなったから転職したい、とある人が言いました。どんな仕事がいいか聞いてみると、「なんでもいい」と。たとえば○○な仕事がいいんじゃないか、△△の仕事はあなたに合っているのでは？　といくつか提案しました。それに対するその人の答えはこうでした。

「でも、失敗したらどうなるの？」

「だってお給料が少ないからできない」

このような言葉が出てくるのは、最初から前に進むことをやめている、やりたくないという気持ちの現れです。使いそうになったときには、意識してストップする。なぜなら、言葉と心はつながっているからです。最初からマイナスに目を向けていると、意識も行動もマイナスの方向へ向かいます。クリエイティブな議論をするつもりがない、と考えていいでしょう。

マイナス思考がこのような言葉に現れるのです。それでは幸福感を味わえるはずもありません。

次に「思い癖」を見ていきます。


「どうせ〜だから」

「〜のくせに」

「○○がないとできない」

「頑張っているのに、できない」

「私なんて〜だから」

「いいなあ、うらやましい」

「学歴がないから」

「容姿に自信がないから」

「できるかどうか不安だ」

「できなかったら、どうしよう」

「めんどくさい」

「どうせ」という言葉には、その人の劣等感やねじれた感情が現れています。

「〜のくせに」という言葉には優越感や相手を馬鹿にしている気持ちを感じます。責任を他に押しつけている。言い訳をしがちである。自己肯定感が低い。嫉妬。不安を強く感じやすい。起こってもいない不安をいつも抱えている。不安を創り出す。さまざまな思い癖がありますが、このような思い癖はいつも行動のストッパーになります。それを外すには、まず言葉を換えていけばいいのです。「頑張っているのにできない」という思い癖は、「頑張っているから、いつかは花が咲く！」という自分を信じる力に変換します。「できなかったら、どうしよう」は、「やってみなければわからない」に。もう少し大胆に「できなくても命はとられない」と思うのもいいでしょう。

無意識に使っているこのような言葉を使ったとき、決していい気持ちはしていないはずです。どちらかと言うと、嫌な気持ちになっていることが多いでしょう。そこを眺めてみるのです。（あ、いま、嫌な気持ちになっている。いつもの思い癖だ）と、分析するような感じで心を眺めてみてください。無意識に言ってしまったこと、やってしまったことを、顕在意識に上げていくのです。気づくこと、クールに分析してみるだけで、頭の中も、気持ちの中も整理されてくるのです。客観的に自分を眺める習慣をつける。ニュートラルであることが大切なのです。

他人と比べない

多くの場合、もやもやした気持ちの根底にあるのは比較や執着です。それも、無意識のうちに心の中で育てていた感情の澱です。他人と比較をするのは、身体に悪いものをわざわざ食べるようなものです。これが幸せ感を得られない最大の原因と言ってもいいでしょう。他人と比較をして嘆き、嫉妬するのは、毒を飲んでしまったに等しいと、私は思っています。

他人と自分を比べてしまうのは、そこが自分の価値の判断基準になっているからです。他人はどうでもいい。主体は自分です。他人と比較すると、見栄を張ることにもつながります。妬みや嫉《そね》みになります。「不満」を感じてしまう原因の多くは、他人と比較することにあると考えます。そんなことに心をすり減らすのはもったいない！　いま、自分が手にしている豊かさで心を満たしましょう。

それでも人間ですから、自分よりも人生がうまくいっている人を見ると（いいなあ）とうらやましく思うこともあります。しかし、このようなときに最も大切なことは、比較している自分、嫉妬している自分をちゃんと感じることなのです。怖いのは、無自覚であることです。比較して自分の方が上であれば優越感になり、下であれば劣等感や嫉妬になる。何もいいことはないのです。


SNSの広がりで、他人の生活や考えていることがよく見えるようになりました。フェイスブックには、華やかな場にいる写真や、友人たちと会食をしている写真、仕事、プライベートを問わず、他人のありとあらゆる情報が発信されています。気をつけなければならないのは、それをおもしろく思わない人もいる、ということです。

SNSなどを見ていて、特定の誰かのことが気になって心がざわつくのなら、なぜざわつくのか考えてみましょう。相手の何が自分を刺激するのか。それが嫉妬なのか、執着なのか、過去の出来事で許せないと思っていることがあるのか。このときに自分のマイナスの感情に気づき、認めることができたら、一歩前進です。自分の感情にもっと敏感になりましょう。そして、その感情を一歩離れて眺めてみるのです。

しかし、そう簡単にすっきりとはいかない。また、おもしろくないと思っている自分がいる。そしたらまた心を探るのです。気づきはとても大切です。ざわついて、考えて気づき、またざわついて、考えて気づき……これを繰り返しているうちに、ざわつきは薄まっていくのです。

「こだわり」という言葉があります。「こだわりの店」「こだわりの一品」など、最近ではいい意味で使われますが、本来の意味はまったく違います。

「心が何かにとらわれて、自由に考えることができなくなる。気にしなくてもいいようなことを気にする」

「物事がとどこおる」という意味です。

大辞林によれば、「普通は軽視されがちなことにまで好みを主張する」ということです。

心が何かに引っかかってしまうというのは、こだわり、執着とも言えます。気にしなくてもいいことを気にする。言い換えると、気にしなくてもいいことが気になる、ということです。

なぜそこに引っかかってしまうのか。心のどこかにある『フック』を見つけて取り外すことです。『フック』が何かわからなければ、心がざわざわしたり、苦しくなったときに、そのざわざわと苦しさを『削除する』と意識しましょう。パソコン上で文章や写真を削除するようなイメージです。それを繰り返しているうちに、すぐに削除できるようになり、手放していけるようになるのです。大切なのは意識して、自覚すること。気づくことなのです。

幸せを感じるのも、感じないのも、すべて自分次第です。人生の主人公はいつも自分であり、その中心にいるのはいつも自分です。人生という航路、舵を切るのも自分です。嵐の中にあっても、方向性を決めるのは自分です。好調なときも、そうでないときも人生劇場の一幕、どう生きるかを試されているのです。

ですから、あなたの人生を誰にも、何ものにも明け渡さない。つらいことがあったとき、誰かのせいにすること、社会のせいにするのは、人生を明け渡していることになるのです。とても厳しいことですが、それを引き受けるだけの気概を持って私たちは生まれてきたと信じたい、いえ、生まれてきたのです。だから、大丈夫、しっかりと主人公でいましょう。

誰かのために祈ってみる

数年前のことです。心配事と仕事のことで落ち込むことが重なり、どうにもこうにも気持ちが上がらない日が続きました。ある日、地下鉄に乗っているときにふと（このままではいけない）、と思いました。でも、そう思っただけで気持ちが上向きになるわけではありません。地下鉄を降り、約束の場所まで連絡通路を通っていきます。私は、すれ違う人、ひとりひとりの幸せを祈ろうと思いました。ひとり、ひとりです。

「あのお兄さんが彼女とうまくいきますように」

「あのおじさんが、今夜おいしいごはんを食べられますように」

「あの女性が幸せになりますように」

もちろん、すべて思いつきです。約束の場所に着くまで十五分、夕方の混雑した連絡通路を歩きながら、心の中でひとりひとりの幸せを祈りました。

すると目的地に着く頃には、気持ちが驚くほど上がっていたのです。胸がいっぱいになって、泣きそうになったくらいです。この祈りで、私は落ち込みから抜け出すことができました。思いつきでやってみたことですが、人のために集中して祈ることで喜びが湧き上がることを、この体験によって知りました。

後で調べてわかったことですが、これは仏教の『慈愛の瞑想』に近いものでした。私たちは自分を『個』の存在だと思っていますが、「私は、私は」と思った途端にこの世界から切り離され、そこに苦悩が生まれる。『私』が生きていられるのは、他の命があってこそ。そこで『私』を発見する前に、他の命に対して慈しみの心を持ち、お互いに助け合い、優しさでつながっていくことが大切であるというのが『慈愛の瞑想』の考え方です。実践法としては、心の中で「私が幸せでありますように」と繰り返し念じ、次に「私の親しい人が幸せでありますように」と念じ、「生きとし生けるものが幸せでありますように」「私の嫌いな人も幸せでありますように」と繰り返し念じる、これが『慈愛の瞑想』だそうです。

私が地下鉄を降りてからひとりひとりの幸せを祈ったのは、この『慈愛の瞑想』によく似たものでした。自分のことではない、他人の幸せを祈ることが心を落ち着かせ、喜びにあふれるのはここにつながっていたのだ、と合点がいきました。

この現象は、祈りと脳科学の研究によっても説明されています。ネガティブな祈り、他人を呪うような祈りは、コルチゾールというストレス物質を分泌させ、記憶を司る海馬を萎縮させるそうです。他人のために祈るというのは、利他的な行為をすると認識されます。すると、βエンドルフィン、ドーパミン、オキシトシンといった脳内快感物質が分泌され、多幸感をもたらします。

慈悲、慈愛の気持ちを持つ利他的な祈りは、結果的に自分の心を満たすのです。幸せ感を得られないとき、無力さを感じたとき、この祈りを試してみてください。幸せ感を高めるためのきっかけになるだけでなく、利他的な祈りを通して生き方も磨かれていくのです。

ポジティブな情報を潜在意識に入れる方法

自分を大切にする、自分を愛するひとつのきっかけとして、自分を励ます、自分を褒めるという方法があります。私たちは自分のことを責めることはしても、自分を褒めるということはあまりしません。たとえば一日の仕事が終わり、お風呂に入るときでも、布団に入ったときにでも自分に感謝し、労《ねぎら》いましょう。たとえささやかでも一日の成果を喜びましょう。

声に出さずに、心の中で自分に語りかけるのも悪くないのですが、**できれば声に出して自分を褒めてみてください。**

「今日もよくがんばりました」

「できる、できる、私は大丈夫」

「今日もきれい、きれい」

このような言葉を、声に出して言ってみましょう。自分を褒めた言葉を聞いているのは、自分です。その褒め言葉は、そのまま自分の潜在意識に入ります。前向きな情報を潜在意識に入れることで、自信を持てるようになり、いざ行動するときに背中を押してくれるのです。自分を褒めることは、人生を好転させるための大きなきっかけになるのです。

幸せ感を高める。日々の生活の中にある小さな幸せを喜ぶことによって、幸せを味わう感性が高まります。一杯のコーヒーを、一杯のお水を、交わした微笑みを、友達がいることを、仕事ができることを、おいしくごはんを食べられることをうれしく思えたら、毎日が幸せでいっぱいになるのです。

物事も解釈次第です。雨が降ったら、それは恵みの雨。雨を憂鬱だと思ったら、一日が台無しになります。仕事がうまくいかなければ、それは知恵を絞るチャンスだと思う。恋人がいないことを嘆くのではなく、これから素敵な人に出会うわくわくに。お金がたりないのなら、まだこれだけある、ラッキー！　と思う。オセロのチップのように、解釈ひとつで黒から白へひっくり返していけるのです。

幸せ感を高めていくこと。それは希望を見いだす力が強くなっていく、ということです。ピンチに陥っても、心を幸せ感で満たすことができる。これは、生きていくための知恵とテクニック、そして、生きる力なのです。

毎日五つずつ、ハッピーだったことを記録してみましょう。どんなに小さなことでもいいのです。ハッピー・レコーディングです。手帳や日記帳の片隅にでもメモをするのもいいですね。記録することを習慣にしていくと、また感じとる幸せなこと、うれしかったことがさらに多くなっていきます。

人は、ネガティブなことに意識が向きがちです。不安も喜びも、創り出しているのは自分だという スタンスに立つことです。感情が動いたときに、意識して眺めてみましょう。感情を感じて、眺める。そうすると、そこに気づきがあるのです。気づきを重ねているうちに、薄皮を一枚ずつ剝いでいくように必要のないものを手放して自由になっていくのです。

ピンチを生きる強さに変えていく

人生の大きな転換期の前には、それまでのやり方では通用しなくなってくる「行き詰まり」が起こります。迷いや悩みはつらいものですが、創造的に考えていくことで道が出来てきます。ポイントは創造的であること。出口のないトンネルはありません。そのことをどれだけ信じられるか。ここにもポイントがあるように思います。

さまざまなピンチがあります。精神的なこともあれば、経済的、人間関係における困難もあります。どのようなかたちのピンチであれ、心の中にしっかりと柱を立てる。「ぶれない」ことが大切です。本当に自分が望んでいることを深掘りしていくのです。ピンチはチャンスという言葉も使い古されてきましたが、軌道修正をする機会を与えられたと思えば、向き合う気持ちも違ってきます。

困難な状況になったとき、私はいつも自分なりの『三つのルール』を心の支えにしています。
①迷いや悩みは、蛹の中で自分を作り変えているということ。変容の時期である。
②過去のやり方や過去の感情にとらわれない。「正しいかどうか」という方向ではなく、心から幸せを感じることを選ぶ。
③答えはすでに心の中にある。
ああ、どうしよう……と思考が迷路に入りそうになったときには、この『三つのルール』を思いだすのです。すると、ニュートラルに戻ることができるのです。

「蒔いた種は刈り取らなければならない」という言葉があります。私はこの言葉を宇宙の法則と呼んでいます。よい種を蒔けば、それはいつか実りとなる。でも悪い種を蒔けば、その始末をしなければならない。もしかしたら、いま起こっている困難の種を、過去に蒔いたのかもしれません。そういう意味で、このピンチを引き寄せた原因がどこにあるのか、まず考えてみるのです。

仕事、人間関係、家族関係、恋愛関係……自分の考え方や、どうしても手放せないことにこだわってしまい、がんじがらめになってしまうこともあるでしょう。不安、怖れ、孤独感。怒り、嫉妬から人との関係性がこじれるばかりでなく、心もささくれ立っていきます。

繰り返しになりますが、**どんなときにも『自分との対話』をしっかりとすることが、気づきに至るプロセスだと思います。**『自分との対話』とは、ああでもない、こうでもない、という頭の中のおしゃべりではありません。ああでもない、こうでもない、というのは考えているのではなく、雑念です。雑念が渦巻いていると、脳のエネルギーが浪費され、それが疲れや睡眠の質に現れます。この雑念は考えていることとは違うということ、はっきりと区別をつけることが必要です。感情と距離を置き、それを眺めるような視点を持っている『もうひとりの自分』との対話をするのです。

「答えはすでに心の中にある」という感覚を、私は小さい頃から持っていたように思います。悩んだときに、（もう答えを知っているのだ）と思うと、それだけで安心でした。リーチする場所がどこかにあるのですから、ただ闇雲に手を伸ばしているのとは違います。心理療法家であるユングは、私たちの意識を三層構造で説明しています。

氷山をイメージしてみてください。海から出ている、いわゆる氷山の一角と呼ばれている先端部分が、私たちが思考し、認知している顕在意識です。そして海の中に隠れている大きな部分が潜在意識です。潜在意識は行動や思考に影響を与える意識で、感情、抑圧された感情、経験したことによって作られた領域、人それぞれのデータベースです（過去生の記憶も潜在意識に取り込まれていると考える研究者もいます)。

潜在意識の下には、私たちの魂、神性とつながっている超意識という領域があります。仏教でいうところの真我、神道でいうところの御霊です。私たちの魂、『もうひとりの自分』です。氷山でいうと、海と言ってもいいでしょう。果てしなく拡がる宇宙のような領域です。

ユングはこの超意識の中に、国や民族を超えて人類全体、共通に持っている意識である集合的無意識があると提唱しました。たとえば、神話や民話などに共通したテーマを見いだします。シンクロニシティ(共時性)は、この集合的無意識によるものだと言われています。

話を『もうひとりの自分』に戻しましょう。自分の意識の奥深くに存在する魂、『もうひとりの自分』を意識し、問いかけながら過ごすことで問題を解決する糸口が見つかるのです。

『もうひとりの自分』とつながる方法

まず最初に、**答えは自分の中にある。すでに答えを知っている、と強く思うことです。**占いも、サイキックリーディングも、開運グッズもおまじないも、問題を解決してはくれません。ヒントやきっかけにはなるかもしれませんが、自分で「よし！」と思って行動し、必要があれば考え方や物事の捉え方を変えていこうと思わなければ、単なる参考です。

自分の外にあるものには依存的になりやすいものです。自分の内にあるものは掘り下げて食い下がっていくしかありません。最終的な答えは、内にあるのです。なぜなら、どんなアドバイスを受けたとしても、自分の腹に落ち、自分の腹で納得したことでなければ本当の答えと言えないからです。

腹落ち、という言葉があります。そうか、そうだったのか。それだ！　真からこう思ったときには、喉の詰まりがとれるような、本当にお腹の底にずしんとくるような体感があります。過去二回、身体で感じた腹落ちした答えは、私をこだわりから解放し、人生を変えてくれました。ですから、自信を持ってお伝えできるのです。

ピンチの原因を知ることも大事です。と同時に、その先に恩恵があることを知ることで、私たちは乗り越えていく力を得ます。「起こったことの意味」を考えてみます。意味のないことは起こらない。その出来事は自分に何の意味があるのか。何を学ばせようとしているのか。それがわかれば、ピンチを越えていくモチベーションになり、目標が見えてきます。何よりも、ピンチや困難も学びにしていけるとなれば、次に何かが起こったときの底力となるのです。

しかし、不可抗力のように起こる困難もあります。理不尽なことも起きます。たとえば、大切な人の死であったり、病気など、自分ではどうすることもできないことが人生には起こります。もしもそこに意味を見いだすことができたのなら、それでいいでしょう。でも、考えてもわからない、受け容れがたいことであれば、ただそこに事実があったということでもいいと思うのです。起こったことの意味を追求するあまりに自罰的になり、悲観的になったのでは解決の方向へは向かいません。ただそこに事実があった。そう考えることが、自然であることもあるのです。自分を苦しめ、さらに追い込むような考え方はくれぐれもしないでください。ただ、事実があった。そう受けとめていくのも、力がいることだと思います。

自分の気持ちの持ち方が、ピンチを引き寄せることもあります。不安、怖れ、欲、見栄など、それが強ければ強いほど、そのようなことが起こります。不安や怖れを抱きがちだとしたら、それは祈りに変えていくのです。

たとえば、「仕事がうまくいかないかもしれない」「うまくいかなかったらどうしよう」という不安があれば、うまくいくことを祈るのです。そして、もうひとつパワフルな解決法は、「うまくいきました」と完了形で言い切ってしまうことです。「うまくいきました」と言ってしまうことで、私たちの奥にある集合的無意識がそのような流れを作りだすのです。

また、ノーと言うべきときには、しっかりとノーと言えることも大事です。特に人間関係で起こりがちな感情的なトラブルは、伝えるべきことを伝えられていないことから発することが多いように思います。相手のことを思いやってすることもあれば、ついつい『よい人』であろうとするために巻き込まれていくこともあります。できないことはできないと伝えること。これは自分を守るためだけでなく、相手のことも守ることになるのです。

静寂の時間を持つことも、真の自分の声を聞くきっかけになります。静かに目を閉じて、自分のお腹、おへその下八センチあたりにある丹田を意識して、静かに呼吸をします。そして雑念が浮かんできたら、これは雑念、と確認します。そうした静かな時間を一日十分でも、十五分でも持つようにします。たとえば電車に乗っているときでも、自分のまわりにシールドを張るのをイメージして、丹田に意識を集中させるのもいいでしょう。心の中の静寂に耳を傾ける。そのような時間を持つことによって、心が整っていくのです。

私が三十代の初めに受けた教育分析のセッションのひとつに『サイレンス』というものがありました。一時間、街を歩きます。そのときに、誰とも目を合わせず、誰とも話さないというのがルールです。知っている人とすれ違うときも、目配せなどしてはなりません。

歩いている間に、心にいろいろなことが浮かんできます。その中に自分の思い癖などが見えてきます。何かを見たとき、何かに遭遇したときの自分の反応です。考えながら歩くのではなく、感じる、ただ感じることがポイントです。たとえば散歩をするときなど利用して、サイレンスの時間を作ってみましょう。

そして、**『夢』に意識を向け、『夢』が言わんとするメッセージを受け取ること。**夢は、まさに『もうひとりの自分』からのダイレクト・メッセージです。眠れる預言者とも、ホリスティック医学の父とも呼ばれたエドガー・ケイシーは、多くの夢解釈についてのリーディングを残しています。

「夢は超意識からのメッセージである」

という言葉の通り、夢は私たちの意識の奥にある超意識、『もうひとりの自分』からのサポートなのです。夢はとても奇妙な、ありえない設定のストーリーで、夢主の現状や問題を示します。その奇妙なストーリーの中に、問題の解決方法も読み取ることができるのです。また夢主を勇気づけるテーマの夢もあります。夢からのメッセージを実行に移してみることで、現状を改善していくことにつながるのです。

たとえば「追いかけられる夢」は、解決していない問題が残っているということを示しています。追いかけられ、袋小路に追いつめられる夢を続けてみた時期がありました。「助けて！」と叫べば助かることはわかっていたのですが、声が出ない。焦りともどかしさを感じた後味の悪い夢です。まだ十代だったので詳しい解釈はできませんでしたが、後になって思うと感情を出していない、伝えるべきことを伝えていない自分に気づきました。その頃、実家でいろいろ大変なことがあった時期だったので、「追いかけられ」「追いつめられていた」のだと思います。自分の感情を出し、助けを求めることができたら、私の気持ちも少しは楽になっていたのかもしれません。『もうひとりの自分』は、助けを求めなさい、感情を感じなさい、というメッセージを送ってきていたと、いまは解釈しています。

食べ物の夢は身体の状態を表します。ずいぶん前に「苦手な人に、ラーメンを食べに行こうと誘われる」という夢を見ました。夢の中で（きついなあ）と思っています。この夢は、いまのあなたにはラーメンは重いですよ。消化できませんよ、と伝えています。と同時に、この誘ってくれた人が、私にとってはラーメン。きついのです。その人は、私にとってラーメンを消化するくらい重い……というメッセージと解釈しました。

この夢を見てからしばらくの間、麺類は控え、そして苦手な人とはある程度の距離を保っています。これも人間関係のコツであり、自分の身を守る方法でもあるのです。

このように夢には自分の状態、そして解決方法が示唆されています。夢のストーリーは複雑で、直接的な言葉でメッセージしてくるわけではありません。夢を解釈するには、夢に出てくるシンボルの意味を解き、ストーリーの流れなどを広げながら解いていきます。最初はむずかしいかもしれませんが、まずは夢を記録することからはじめるとよいと思います。夢を記録しはじめると、夢が活性化してきます。夢を覚えていないという人も、夢を覚えていられるようになるのです。夢は超意識、『もうひとりの自分』からのメッセージなので、夢の方が私たちの状態に応じてやってくるわけです。

ですから、夢を解く、夢のメッセージを行動に移して現実の生活に生かすということは、『もうひとりの自分』と共にある、ということなのです。そして、夢を解釈するときにひとつ留意したいことは、イージーな解釈をしない、ということです。少し自分に厳しいくらいの解釈をするほうが、的確にメッセージを捉えることができます（もちろん悲観的になることはありません）。自分に都合のいい解釈をしない、ということです。

『もうひとりの自分』という感覚をつかみにくいのであれば、胸の奥に話し相手のような自分がもうひとりいることを想像してみてください。

「○○で困っているのだけど、どう思う?」

そんなふうに質問を投げかけてみる。すると、

「気にしなくていいんじゃない?」

「それは欲だよね」

などと、直感的に言葉が返ってくることがあります。そこに自分の思考は入れないように、あくまでもぱっと返ってくる言葉を受け取ってみましょう。

落ち込んだとき、困難の中にあるとき、私はいつもヴィクトール・フランクルの言葉を思い出します。ユダヤ人収容所での体験を書いた『夜と霧』の中で、フランクルは、「希望は絶望の中にあった」と書いています。この言葉は、いつも私に希望を与えてくれます。困難の中に恩恵を見いだし、どう乗り越えようかとわくわくする。これこそ、究極のポジティブ思考なのです。

第3章

自分を理解し愛することで、人生の扉がひらく

「月待ち講」は自分への深い信頼と愛を感じる儀式

二十三夜、下弦の月の夜。月の出を待ちながら飲食を共にし、思いを分かち合う『月待ち講』という集まりがあります。江戸時代に盛んに行われ、集落で集まることもあれば、女性だけの講もありました。心の内を明かし、他の人の心に耳を傾ける安心安全の場です。

この月待ち講を四年間、私も体験しました。下弦の月の夜に集まり、いま、分かち合いたいことを話します。人が話しているときに口を挟むことはありません。静かに耳を傾けます。ジャッジすることも、アドバイスすることもしない。ただただ話を聞きます。誰にも言えなかったこと。感じたこと。思ったこと。いまの自分について。生きることについて。死について。パートナーシップのこと。子育てについて。病気のこと。話題はさまざまです。

四年間、月待ち講に参加し、最後は講元を務めました。四年の間に、私たちひとりひとりの状況は変わります。私も変わっていきます。悩んで、苦しんで、トライして、乗り越えて、笑って……。そうして、変容していく。進化していく。そのプロセスを自分も体験し、そして多くの女性たちの変容を見せてもらいました。

この月待ち講という場で生まれたものは、深い信頼感でした。それは、ただただ聞く、受け容れるということから生まれたものです。うまくいっていようと、困難の真っただ中にいようと、受け容れる。そして、そこに愛も生まれるのです。人に対する愛、自分に対する愛が、人生を豊かに満たしてくれる。変容していく自分と出会っていく道のりが人生なのだと、しみじみ思ったのです。

深い信頼感と自分に対する愛。こんな自分だから、自分を信じることはできないし、自分のことが好きではない。悲しいほど、こう思っている人は多いのです。かけがえのない存在であるこの自分を好きになれない理由はどこにあるのでしょうか。

ライフアーティスト・アカデミーのプログラムの最後に、セルフヒストリーを書きます。ライフアーティスト・アカデミーの目指すところは、タフに、そして美しく生き、魂が喜ぶ人生を創造していくところにあります。そのために、どうしても自分を掘り下げ、思い癖やこだわりを外し、自分がどれだけの恵みを与えられているかを確認し、さまざまな出来事を乗り越える強さを身につける。その強さは、経済力でも学歴でもありません。**自分を信頼し、自分を愛すること。この命を心から喜べるようになったときに、深い深い確信を自分の中に得るのです。**

過去の価値観、枠から解放される

第二章で思い癖を手放すことについて述べました。思い癖と同じように自分の心を不自由にするのが、凝り固まった価値観です。この凝り固まった価値観が、自分の本音にフィルターをかけ、制限をかけるのです。たとえば、最近よく聞くものの言い方に、次のようなフレーズがあります。

「私って○○だから」
「私って○○な人だから」
「私って○○な人じゃないですか」

果たして、この価値観、自分で作った枠は、人生に必要でしょうか。ものの言い方としても、まったく美しくありません。

「私って○○な人だから」と、自分で自分のことを定義する。自分で自分の性格を言い切ってしまい、バリアを張っていると考えられます。バリアを張ることで自分を守る。同意を得たい。承認してほしい。どちらにしても、「私って○○な人だから」と言ってしまうと、自分で作った価値観、枠の中から出られなくなるのです。

しかし、このような価値観や枠の向こう側に、とても大切な本音が隠れていることがあります。中学の音楽の授業で、歌の実技の成績に『二』をつけられたことがありました。試験のときに、一緒に歌うことになった男子があまりのボーイソプラノで驚いて声がつまってしまった……という言い訳めいた事情がありますが、二は、二です。そのときから、「私は歌が下手だから、絶対に人前では歌わない」と、固く心に決めました。それ以来、作詞家という歌に携わる仕事をしているにも関わらず、人前で歌ったことはありませんでした。「私は歌が下手」という価値観、枠をがっちりと作り、その中から一歩も出ようとしなかったのです。

でも、あるとき気づいたのです。

（私、本当は歌いたいんだ！）

この気づきは、衝撃的でした。それまで二重に鍵をかけていたようなドアを一気に開けたのですから。自分が歌いたいことに気づいたきっかけは、声楽家の友人が朗らかに楽しそうに、喜びいっぱいあふれるように歌っているのを見たからでした。オープンになることの解放感。枠から解放されて、大空に両手を大きく広げる解放感。歌が下手……というコンプレックスは、実は歌うことへの渇望と裏腹だったのです。

自分が歌いたいことに気づいて、すぐに歌を習いはじめました。**苦手なことは、実はいちばんやりたいことなのです。**いまは、いつかイタリア歌曲のアリアを歌うことを目標に気合いを入れてレッスンに励んでいます。過去の価値観、枠から解き放たれたとき、人生は変わるのです。

美意識を磨く

何を美しいと思うか。何を美しくないと思うか。自分を愛するというテーマに行く前に、もう少し自分の棚卸しをしてみましょう。

同じものを見て、百人の人が百人美しいと思うとは限りません。もしかしたら、たったひとりの人しか、美しいと思わないかもしれません。『美』とは、それを美しいと思う人がいて、初めて『美』になります。地球に人間が存在しなかったとします。すると、そこに大自然の美は存在しません。美しいと思い、感動する人がいないからです。『美』とは、美しいと思う人の心の中にあるものです。美しいと感じる感性によって、『美』と捉えられるのです。

感性に、よい、悪いはありません。どんな感性であっても、それはその人のものです。感性は生まれ持った、「その人ならでは」のものです。自分がどのような美意識を持っているのか。何を美しいと思い、何を美しくないと思っているのか。ここを確認することによって、『自分』を掘り下げることができます。

美意識とは、対象物に対して感じることだけではありません。行動、言動、やり方、考え方、哲学、思考……あらゆるものに対して、美意識のセンサーは動きます。たとえば、「どうせ私には何もできない」という思い込み、価値観、枠があるとします。さあ、「どうせ私には何もできない」と思っている自分をどう思うか。美しく思うのか、そうでないのか。それによって、その先の選択が変わってきます。何を選択するか。ここに美意識が発揮されるのです。

固定観念、枠を外していくには、多くのものを見て、聞いて、味わって、そして表現していくことです。どんなことにも食わず嫌いでいると、自分自身を狭くします。多くのもの、多くのことを体験することによって、感性が磨かれていきます。

感性の翼を大きく広げて世界を見てみると、自分が作っていた枠がいかに意味のないことだったかがわかるでしょう。

人生のあらゆる場面をどう捉えていくか。それが、人それぞれの美意識です。何を美しいと思うか。どんなやり方を、どのような生き方を美しいと思うか。そこを意識することで、自身の美意識と向き合うことになります。すると、自分の中に『美』を創りだすことができるのです。何を美しいと思うか。この意識を自分の行動、言葉、外見、そして心に反映させていきます。**美しいと意識したことを自分に取り入れていくことによって、自身の『美』は磨かれていきます。これこそ、クリエイティブ、アーティスティックな生き方なのです。**

これまでの人生の中で体験した美しい光景、美しい場面、感動したことをリストアップします。数ではなく、心を震わせた光景を思い出してみましょう。私の記憶の中に、たくさんの光景があります。その中でベスト3を選ぶとしたら……十七歳のときに見た五月の七里ケ浜。十七歳のときに見上げた満点の星空。母の病室に家族が集まった、ある日の光景を思い出します。そこには物語があります。人間の小さな営みの中に心震わせるものがたくさんある。自分を愛する、自分の人生をよきものと思えるようになるには、これまでにたくさんの宝物のような瞬間や感動があったことを再認識することなのです。美意識を磨くというのも、多くのことに感動する感性を高めるためです。

美しい光景、美しい場面は、景色ばかりではありません。人と人との関わりの中にも美しい場面があります。感動した言葉も、感動した歌もあります。たとえばいま、心がもやもやとし、何を目指していいのかわからないのなら、一度、うれしかったこと、感動したことを思い出してみましょう。そんな美しい瞬間も感動も、与えられた体験なのです。与えられた恵みに気づき、喜び、感謝できると、人生は陽転します。心のエネルギーが変わるからです。

美意識を高めることを意識すると、「美しい」と感じるものが増えていきます。何気ない日常の中にある美しさを感じる力が高まるのです。たとえば、いつも歩いている道にも、多くの発見をするようになるでしょう。それは本当にささやかなことかもしれませんが、その積み重ねは心を豊かにします。豊かな心から生まれるものは、豊かなのです。

美意識を磨いていくには、先に述べたように『枠』『思い込み』を外すこと。枠があると、そのありのままを感じることはできません。バイアスがかかってしまうのです。できるだけニュートラルな状態でいることです。そして、**想像力を働かせること。自然の中に、できるだけ長く身を置くこと。**どんなテクノロジーよりも、自然が私たちに与える驚きは大きいのです。

遠くまで行かなくても、公園を歩くだけでもいいし、毎日空を見上げるだけでいいのです。月を眺めるだけでもいい。大いなるものに抱かれるように生きている自分を感じるだけでいいのです。無理に何かを感じようとしなくても、自然のエネルギーは細胞ひとつひとつに浸透していくような気がします。

芸術に多く触れること。美しいものに触れる機会を多く持つこと。人間が、ゼロから創りだす作品には、すさまじいエネルギーが宿っています。何を描いているのかわからない抽象画も、作家の内面という宇宙から生みだされたもの。好き嫌いをせずに、まずは観ること。それから、選んでいけばいいのです。

そして、**美意識の高い人と出会っていくこと。**類は友を呼ぶのです。美意識の高い人から学べることはたくさんあります。心を開くイメージをしっかりと持って、豊かな人間関係を創っていくことです。

センス・オブ・ワンダー（sense of wonder 不思議さを感じとる感性、感動）を持ち続けること。これは、アメリカの環境学者レイチェル・カーソンが、五歳の甥っ子と過ごした日々を描いた著書『センス・オブ・ワンダー』で主張している感性です。子どもの目に映る世界は、不思議でわくわくすることにあふれている。しかし、私たちは知識を身につけ、成長するにつれてそのような新鮮な感性を失っていきます。世界が不思議さや美しさを失ったのではなく、私たちが失ったのです。

「どうせこんなもの」という思い込み、「できるわけがない」という枠が、私たちを不自由にします。また、すべてを論理的に考え、ジャッジすることで、そこにあるものをそのまま感じられなくなる。すると、ただ不思議さを感じ、ただ感動することができなくなります。素直さは宝。センス・オブ・ワンダーは、私たちを原点に戻してくれる美しい感性なのです。

その人がどのように生きて、どのように振る舞っているか。美意識は、無意識のうちにそこに現れるものです。いま、ここにこうして在る姿に現れている。

その在り方を整えていくことが、美意識を高めていくことにつながっていくのです。

美学はあらゆる局面で判断軸になる

人生のあらゆる場面をどう捉えるか。困難に陥ったときにこそ、美意識は発揮されます。困難をどう乗り切って、自分の物語を創っていこうか、という意識に向かうのです。感性と知恵を働かせる。この高い美意識から生まれるポリシー、プリンシプル（原理原則）が『美学』です。感情的、状況的に自分をコントロールできなくなったとき、そのストッパーとなる軸です。

「プリンシプルを持って生きれば、人生に迷うことはない」

白洲次郎の言葉です。美学とは特別な人のものではありません。その人の生き方に現れるものです。美学を意識することによって、自分を成長させるエネルギーになるのです。

自分が十代だった頃を振り返ると、十代なりの美学で困難を乗り越えていたと思います。私たち家族は、父の事業の関係で嵐の中で翻弄される小舟に乗っているようでした。次々と理不尽なことがあり、両親が離婚しないことと子どもたちがぐれなかったことが、父の友人たちの七不思議に入っていると言われたほどです。

自分に責任があるのならこのつらさも堪えられる。しかし、自分のせいではないことでなぜこんな理不尽な思いをしなければならないのか。プライドを傷つけられたこともあったし、ひどい言葉を浴びせられたこともありました。自分に力がないことがもどかしくて、早く大人になりたいと思いました。いつも胸の奥で渦巻いていた激しい葛藤の息苦しさ。でも、学校では楽しく明るく、おもしろい子だったと思います。実はその二面性も苦しかった。いつも嘘をついているような罪悪感がありました。

ああ、もう嫌だ！　やけを起こしてしまいたいとき、ふっと湧き上がってきたのは、

（ぐれるのは美しくない）

という思いでした。十代の、私なりの美意識が働いたのです。自分には似合わないとも思いました。

「美しくないことはしない」

これは、私の美意識から生まれた美学、プリンシプル（原理原則）です。考えて決めた美学ではなく、「美しくないことはしない」ということが、これまでの自分の生き方の底流に無意識のうちに流れていたことに気づきました。

作詞家になってからも、窮地に立たされたときには、このプリンシプルは私を支えてくれました。面目が丸つぶれになることも、プライドを傷つけられるようなこともありました。本当は激しく戦いたい自分もどこかにいたのですが、それがただのエゴからの情動であれば醜い……と思いました。**「美しくないことはしない」という原則は、私の忍耐力を鍛え、同時に信頼を得ることもできたのです。**

褒め言葉を素直に受け取る

褒められたとき、あなたはどんな気持ちになりますか？　褒められたことに、どんな言葉を返すでしょうか。多くの人が、謙遜し、褒められたことを否定します。

「そんな、大したことないです」

「そんなこと全然ない」

褒められて嫌な気持ちがしたわけでもないのに、なぜ受け取れないのでしょうか。

ひとつには、謙遜があります。うれしくても、うれしさをそのまま出してしまうのはうぬぼれていると思われるかもしれない、という思いもあります。また、相手がお世辞を言っているのではないかと感じることもあります。また褒められることに馴れていないということもあるでしょう。褒め言葉を受け取れない。

「受け取る」ことを自分に許していないと、素直に「ありがとう」と言えないのです。

褒められることに馴れていない。自己肯定感が低いという背景があるかもしれません。褒められて育ってこなかった、自分を否定された経験から受け取れなくなっているということがあります。

受け取れないのは自分の性格でも何でもありません。『枠』です。本来の自分にロックしてしまっているのです。過去の鋳型を、いまの自分にはめても何もなりません。枠は壊す。ロックは解除。『いま』は、『過去』ではないのです。

日々の中に、ささやかな幸せを見つけることによって幸せ感が高まる。これと同じように、自分の中にある宝物に気づくことです。ライフアーティスト・コースでは、その人の素敵なところをどんどん伝える、というワークをします。友人同士でなくても、その人を見て素敵だと思うところをどんどん、思いつくまま伝えます。

その人から得る印象、インスピレーションですが、それを伝えることによって、深い感動が生まれます。優しそう。友達になりたい。女性らしいファッションが似合いそう。頼りになりそう。きっと相談に乗ってくれる。人を許せる大きさを持っていそう……。フィードバックはさまざまですが、どれもその人の一部なのです。そして、受け取った人は胸がいっぱいになり、受け取ることを自分に許せるようになるのです。

褒められたら、

「そう言われたらうれしい」

「ありがとう」

と素直に言ってしまいましょう。「そんなことないです」と言えば、相手はもっと気を遣うのです。あまり意味のない押し問答をしていることに気づきましょう。

褒め言葉はギフトです。ですから、人を褒めることはギフトを贈っていること。自分が幸せな気持ちに満たされます。相手を素直に褒めること。その底流には愛があります。褒める、讃えることは、愛を実践することなのです。そして、褒められた人もハッピーになる。こんなに素敵なことはありません。
人の良いところを見て、褒めれば褒めるほど自分が幸せな気持ちになります。
人の幸せ、よいところを心から喜べる。そこにエゴはないのです。自分が厳しい状況にあると、人を褒めることができないことがあります。そんなときは、そんな自分を眺めてみてください。そんな自分がいることを認められると、心が穏やかになります。そんなときもある。そう思えただけで、どこか固くなっていた心が緩むのです。

どう褒めていいかわからない。そんなときはひとこと、

「すばらしい！」

「素敵ですね」

と言ってみましょう。「すばらしい！」は魔法の言葉のようです。「すばらしい！」と言うだけで、なぜかこちらも気持ちが高揚してくるのです。「すばらしい！」を習慣にすると、どんどん口をついて出てきます。すると、褒めること、讃えることがとても気持ちがいいことに気づきます。

「素敵」も魔法の言葉のようです。ちょっと聞くと安易な感じもするのですが、「素敵なもの」「素敵なこと」は、誰もが心が魅かれ、憧れるものです。ですから、「素敵！」と言われると、ちょっと心が反応するのです。相手が喜ぶ言葉を考えるのは、プレゼントを探しているときの気持ちと似ています。

自分の中にある宝物を見つける

次は、自分のいいところ、素敵なところをリストアップしてみましょう。性格や得意なこと、人とのつきあい方、どんな小さなことでもいいのです。卵焼きが上手に焼ける、それでもいいのです。ジョークが絶妙、これもすばらしいこと。人をリラックスさせるのが得意、このようなこともいいところです。

たとえば、気が強いことが、自分では好きでないと思っていたとします。それを、心が強いと置き換えると、意味が違ってきます。心が強いと言い換えることで、その強さは心の強さへと変容していく可能性があります。もちろん、その違いをちゃんと意識してのことですが。

いいところよりも、そうでないところに着目してしまう。これは、ないものを数えて落ち込むことと同じです。おそらく、私たちが受けてきた教育が、よいところを伸ばすことより弱点を克服していくことに重きが置かれてきたからかもしれません。勉強も、得意科目をもっとがんばるというより、不得意な科目をいかに習得するかに力を入れます。得意な科目よりも「数学と理科が苦手」に意識が向いてしまうのです。

こうありたいと思う自分でなければ、自分を愛せないのでしょうか。「こうありたいと思う自分」が、目指す自分であれば心が奮い立ちます。しかし、「こうありたいと思う自分」が『枠』になっているのなら、それは自分を苦しくさせるだけです。

力の入れどころです。肩に力が入っていたら、プレッシャーになります。でも、腹に力が入っていたら、よし！　と気合いが入ります。「こうあらねばならない」と思うか、「こうあろう」と思うか。この違いは大きいのです。そして、力を入れるとき、リリースするとき、切り替えどきを見極める。肩に力が入りそうになったら、リリース。そして、気持ちを整えて、腹に力を入れる。その見極めをつけるために、「自分を眺める」という視点を持つことが大切なのです。

ささやかないいことも掬い上げる。それは自分の宝物です。宝物は、最初からそこにあるものではありません。宝探し、という言葉の通り、自分の中に発見していくものです。どんないいことであっても、自分が宝と思わなければ宝ではないのです。

先日、江戸時代に土砂で埋まってしまった池を再生させるという場に立ち会ったときのことです。土砂の中には、江戸時代に紀州から運ばれた那智黒石という、楕円形の美しい石が埋まっていました。それを熊手やスコップを使って掘りだします。手袋も靴も土でどろどろになるのですが、土を少しずつ掘りだしながら那智黒石を見つけていく作業は何とも楽しかったのです。

これは自分の中に宝物を探すことと同じだと思いました。まさに、このイメージです。まだ会ったことのない自分がいるのです。若いときにいまの自分を想像できなかったように、五年後、十年後の自分を、私たちはまだ知りません。**自分の中にどんな宝物を見つけ、どんな学びをし、どんな体験をするか。それによって、出会う自分が違ってきます。**

トンネルの中にいる、いまを何とかしたい！　と思うでしょう。でも、この『いま』はプロセスの中の一瞬です。自分を不自由にしていたパターンを探り当て、手放す。そのときに変容が起こるのです。ですから、不自由な自分の在り方さえ、宝物になる。トンネルの中にこそ、自分を成長させる宝物、踏み台がたくさんあることを知る。そう考えていくと、あらゆることが宝物になります。

あなたはすばらしい！　いかなるときも、すばらしい存在なのです。そして、自分のいいところ、得意なこと、宝物を生かすことこそ、私たちの持って生まれた才能を発揮する天命につながるのです。

自分という「完璧な命」に敬意を持つ

私たちは、他の誰かの人生を生きることはできません。唯一無二のかけがえのない存在です。六十兆の細胞を持ち、私たちの生命維持装置は完璧にプログラムされています。心臓は死ぬまで動き続けます。それまでに一瞬たりとも止まることはありません。何かを食べれば胃が動き、消化吸収のためのプロセスが完璧に行われます。脳は、すべての生命維持のためのコントロールセンターとして、完璧に作動します。おまけに、与えることによって快感を得る、というホルモンの作用まであります。

世界人口、七十五億人の遺伝子をすべて集めると、どのくらいの大きさになると思いますか？　七十五億×六十兆の遺伝子です。なんと、米粒ひとつほど。それほど小さな遺伝子の中に、人間の生命プログラムが入っているのです。いったい誰がどのように生命を作ったのでしょうか。遺伝子研究の第一人者の筑波大学名誉教授の村上和雄先生は、何か大いなるものが創造したとしか考えられないとし、それをサムシンググレートと呼びました。

　私はこの生命の成り立ちを思うと、胸がいっぱいになります。何もかも、この地球上に存在するすべての生命の尊さ。私たちはその尊さを生きている。困難なとき、落ち込んだときは、大きく大きく物事を捉えてみてください。自分の中のもやもやではなく、広い宇宙の中に自分を置いてみるのです。広い宇宙に比べて、自分の悩みが小さい……ということではないのです。この宇宙の中の小さな存在である私たち、でも、その命は綿密にプログラムされ完璧です。祝福された存在なのです。そう考えていくと、自分のここが嫌だ、ここが気に入らないなどと言えるでしょうか。**嫌いなところがあってもいいのです。でも、自分を愛するというところにしっかりと立っていたいのです。この完璧な命をいただいて、いまここにいる。それだけであっぱれです。**

　この完璧な自分の命とつながること。自分を愛することは、自分の命とつながることなのです。この完璧な命の尊さに応えるように、自分の持てるものを生かしていく。私はそこに、自分を愛するということの原点があると思います。

私たちはただ偶然にここに存在しているわけではありません。ものすごい確率の下に生まれてきました。そこに、私たちひとりひとりが生まれてきた意味があるのではないでしょうか。

自分を愛することからすべてがはじまる。「自分を愛する」という言葉を聞いたときに、（この話、聞きたくないな）と、嫌な感じがしたのなら、まずその思いにOKを出してみてください。そんな自分がいるんだなあ、ということを、ただ受け容れてみましょう。

これまでの道のりを振り返ったとき、必ずしもいい想い出ばかりを思い出せるわけではないかもしれません。親との関係、家庭環境、学校でのことなど、つらいことや悲しいことがたくさんあったかもしれません。

大抵の場合、私たちはそんな感情や想い出に蓋をして、なかったこと、感じなかったことにして生きていこうとします。そうしなくては大変だからです。また、忘れようとして、でもまた思い出し、感情を追体験してしまうのです。

私たちは、幼い頃の小さな嫌な出来事、体験をきっかけに、無意識の中で『決め事』をします。たとえば、親にひどく叱られたことがあったとします。そのことをきっかけに、（自分の言いたいことは言わないようにしよう）と決めてしまう。親に気に入られるように（いい子にしなくてはいけない）と決めてしまう。虐待された子どもたちは、（自分は愛される資格のない子）と、潜在意識に刷り込んでしまうのです。

自分を愛するとは、自分をただ甘やかすことではありません。嫌な自分も、好きな自分も丸ごと受け容れることです。嫌じゃなくなったら愛せる……ということではないのです。**かっこ悪い自分も大好きでいること。情けない自分も、とほほと思いながら大好きでいることです。否定的な思いを否定しないで、自分に（大変でした、よく頑張りました）と声をかけてみましょう。**

世界的なヒーラーであるルイーズ・ヘイは、自分を愛することを基本に、心と身体と精神の調和をはかり、身体、精神、そして心を調和させる方法を、多くの悩める人々に伝えました。何よりも、自分を愛すること、自分のあらゆる思いを受け容れることが最も大切であると説きました。

「愛は奇跡をもたらす治療法。自分を愛すれば、人生に奇跡が起きます」

「あるがままの自分を認め、受け容れ、愛することができて初めて、人生の何もかもがうまくいきはじめる」

私が最も好きなルイーズ・ヘイの言葉です。では、具体的にどうすれば自分を愛することできるのか。考えていきましょう。

自分を愛するための生活習慣

❶毎日自分と出会い、慈しむ。

毎日自分と出会う場所とは……鏡です。朝晩、必ず鏡の中の自分と出会い、声をかけます。

「疲れてない？　目の下にクマを作っちゃってごめんね」

「今日もきれい、きれい」

「いい顔してる！」

「今日もありがとう。お疲れさまでした」

ポジティブな言葉をどんどんかけます。そして、必ずこの言葉を言いましょう。

「大好き、愛してます」

声をかけたら、口角を上げて笑顔の練習をします。「あ、え、い、お、う」と発声練習をするように、口を大きく開けて発音してみます。顔の筋肉を柔らかくするエクササイズです。表情を豊かに、笑顔をくっきりとするために、顔がよく動くように筋肉を緩めるのです。

私たちは、いちばん身近な自分に会うことはできません。鏡を通してでしか会えないのです。ですから、内的会話をすることも大切ですが、顔を見て会話をすることも大切なのです。

そして、肌のお手入れをするときには、両手で頬を包み込むようにし、慈しむように。かけがえのない自分の顔、肌です。人に見せるためではなく、自分のために、自分の一部である肌を丁寧に扱うのです。大切なものを大切にできずに、なぜ人のことを大切にできるのか。年齢に抗うためのお手入れではなく、年齢に合うプラスαのお手入れを丁寧に行いましょう。

❷愛のフィルターをつけて人と接する。思い込みを外す。

繰り返しお話ししているように、思い込みや先入観はサングラスをかけながら世界を見る、ということです。批判的になれば、どんなことにもひとこと言いたくなります。上から目線で見れば、至らないところばかりが目につきます。相手と自分を比べる目で見れば、優越感や劣等感になります。

どんなフィルターをつけて相手を見てもいいのです。そのときの感情に気づけたら、それは大きな収穫です。批判的になっている自分が幸せなのか。比較して見ていることで、心がざわつかないか。自分のフィルターについて気づき、それが自分に心地よさをもたらすのかどうか、自分を眺めてみてください。そして、いちばん自分が幸せなポジションを見つけてください。

毎日、ささやかなことも喜ぶことで幸せ感を高めていくことと同じです。相手のいいところを見いだしていく。どんな人も愛すべきものを持っています。かけがえのない命を生きている。そして、意識の奥の集合的無意識ではつながっているのです。そのことに気づくと、あたたかい気持ちが湧き上がります。

ひとりじゃない
深い胸の奥で　つながってる

『Jupiter』のこの歌詞は、お互いのかけがえのなさを尊ぶことで、人は愛でつながっていけるのではないか、という思いを込めて書きました。こう思えることで、慈しみの気持ちが湧き上がってくるのです。

心の中にいつもあたたかい流れを。愛のフィルターで人と接することは、自分自身を愛で満たすことになるのです。

❸いま、ここにあるものを喜ぶ。

欲張りにならないことです。いいことがあったら、それを丸ごと喜ぶ。本当はもっといいものがほしかった、などと思わないことです。なぜなら、明日人生が終わるかもしれないのです。こればかりは、どうすることもできません。そのときに、（もっといいことが……）という思いが残っているのは悲しいです。いま、あるものを喜ぶ。いま、ここにある恵みに感謝する。すると、内なる喜びが湧いてくる。喜ぶということは、それで満足してしまうことではないのです。喜んで、いまここにあるものを味わって、そして次のステップに進めばいいのです。ひとつひとつのギフトを両手でしっかりと受け取る。すると、ギフトを手渡せる人になるのです。

❹受け取る。受け容れる。

素直であることです。素直な人は、愛されます。「ありがとう」という言葉を受け取る。「素敵ですね」と言われたら「ありがとう」を伝える。卑下することも、謙遜しすぎることも美徳とは限りません。

素直になると、楽です。それは、鎧を外すことです。時に、傷つきたくないという思いが鎧になり、知らず知らずのうちに人を受け容れられなくなってしまいます。そうなっている人に、どんなことを伝えても入っていかないのです。

素直に人の話を聞けなくなったと感じたら、心が少し硬くなっているかもしれません。また、自分の話を頑なに主張したい感があれば、それも心が硬くなっているサインかもしれません。いま、自分がどんな感じなのか、（ん？）と思ったときには振り返ってみましょう。

自分の状況を受け容れることも、自分を愛することにつながります。人生、いろいろな場面があります。三十代、四十代、子育てや親の介護がはじまります。自分のことだけを考えてはいられない状況にもなるのです。そんなとき、（こんなはずじゃなかった）と思い続けるのは苦しいです。どんな状況の変化があったとしても、その状況を受け容れ、その中で自分は自分でいられるメンタルを持っていたいと思うのです。

ある友人は、ハイファッション・ブランドで働いていました。キュートで、とてもおしゃれな人です。責任ある仕事を任されるようになった二十代の終わりに、お父様が急逝されたのです。家業の造園業を継ぐ人がなく、結局、友人はファッションの仕事を辞め、造園業を継ぐことになったのです。経営の知識も、造園の知識も何もないままその仕事に入りました。ハイファッション・ブランドから造園業。その環境の違いはかなり大きなものだったと思います。

でも、彼女は何も変わりませんでした。愚痴を言うこともなく、「こんなはずじゃなかった」と言うこともなく、ファッションの仕事をしていたときと同じように、誠心誠意、新しい仕事に取り組んだのです。

友人は、どんなことも受け容れることができる人です。そのときそのときを一所懸命に生きる。その在り方はとても美しい。その後結婚して、子どもが生まれました。病気がちなお子さんで、ずいぶん心配していました。でも、彼女は淡々と家業と家庭と子育てを、笑顔でこなしていたのです。

「そのとき自分にできることを、ただやっているだけ。引き受けなくてはいけないことがあるから」

人生のいろいろな流れに乗りながらも、流されてはいない。舵は自分で切る。

運命に抗わず、受けとめて、最善のことをする。『受け容れる』ということを考えるとき、この友人の美しい在り方をいつも思い出すのです。

自分を愛する。だから、人を大切にできる。優しくなれる。なぜなら、愛し方を知っているからです。かけがえのない、唯一無二の自分。命は希望です。そして、生きている限り希望があります。命が終わりを迎える瞬間まで、心は何度でも生まれ変わることができる。自分を愛することから、すべてがはじまるのです。

自分史が教えてくれる次のステップ

四十代の終わりにインドへ行きました。旅行が好きな私でも、あの混沌としたインドだけは一生行かないだろうと頑なに思っていました。そんな私だったのですが、ある日友人が企画したインドツアーのお知らせを読んだとき（インドに行かなくてはいけない！）と、突然思ったのです。

（ガンジス河で『Jupiter』を聴かなければならない）

それこそ、ひゅっと矢が飛んできて頭に刺さったようなインスピレーション。それからどんどんイメージが湧いてきました。インドの映像と共に、書きたい本のタイトルや表紙のイメージなどが、早送りの紙芝居を見ているように浮かんできたのです。自分の思いよりも先にイメージが湧いてきたという、めったにない体験でした。

ガンジスという河はヒンズー教徒にとって、次の世界へ向かう入口のような聖なる河です。河岸で火葬してもらうための薪代を恵んでくれと手を差し出す人々。どこまでもついてくる物売りの子どもたち。生きることと死ぬことが同時に存在する場所。生きることも死ぬことも同じことなのかもしれないと、ガンジスの河岸の混沌とした光景を見ながら思いました。生きることもエネルギッシュなら、死ぬこともまたエネルギッシュなのです。

なぜインドで、なぜガンジス河で、なぜそこで『Jupiter』を聴かなくてはならなかったのかわかりません。夜明けのガンジス河の舟の上、朝陽が昇るのを見ながら、ヘッドフォンから流れる『Jupiter』を聴きました。

なぜインドだったかという答えはわかりませんが、この経験が自分自身の人生を振り返るきっかけになったのは確かです。インドの旅から二年後に、『みんなつながっている　～ジュピターが教えてくれたこと』を上梓しました。自分のこれまでを振り返り、『生きる』ということについて書きました。図らずも、この本が五十歳の自分史になりました。五十年の棚卸しです。書き終えたとき、残りの人生をどう生きていくかという展望が見えてきたのです。

自分を振り返り、自分史を書く。人生は物語です。私たちは、『私』という物語の原作者であり、脚本家です。そのような目線で振り返ることは、いまここにいる自分を知り、明日の自分へつながるいい機会だと、実際に自分史的な本を書いて実感しました。しかし、誰に読ませるものでもない、自分のためだけに書く、ということがわかっていても、自分を振り返ることに抵抗を感じる人は多いと思います。振り返りをしていると、どうしても心の片隅にそっと置いてあるつらかったこと、悲しかったことに触れざるを得なくなる。ここにどうしても踏み込めない、踏み込みたくない。

実は、この抵抗がある部分がとても重要なポイントになります。ミッドライフ・クライシスは、本来の自分ではないパターンを外していくプロセスです。出口のないトンネルを進んでいるような気持ちになりますが、そのトンネルは新しい自分が生まれるための『産道』なのです。

その出来事がきっかけで自信が持てなくなったかもしれないし、臆病になったのかもしれません。自分を否定されたことで自己肯定感が低くなったのかもしれません。トラウマというのはその出来事自体も重要なのですが、そのことで生きづらくなったことがもっと重要なのです。ですからその生きづらくなった自分を認識して、手放すことが必要になるのです。

たとえば誰かに対して恨みや憎しみがあったとします。他人に対するそのような感情は、はぎ取ろうとしてもなかなかはぎ取れない。忘れても、思い出すとまたぶり返す感情です。そんな感情が自分の中にあることを認め、書いてしまうことです。書いて、自分の中から出すことです。捨てられない感情を持ったまま生きるのは、重い靴を履いて歩いているようなもの。軽やかに自由に歩ける靴に履き替える……そんな気持ちで自分史を書いてみるのがいいと思います。

「書く」ということは、心の中にあって見えなかった思いを白日にさらすということです。自分の中から取りだすこと。ですから自分史を書くことで、まず俯瞰して人生を眺めることができます。ちょっと高い梯子を上って、これまで歩いてきた道を眺めるイメージです。まっすぐの道もあれば、森の中を通っていたり、でこぼこだったりいろいろでしょう。回り道もあり、道に迷ったこともあるかもしれません。でも、振り返ってみると、よくやってきたなあ、という思いが湧き上がってくるはずです。

どんな迷い道を歩き、森の中をどんなふうに歩いたか。そのでこぼこは何だったのか。つまずいた石は何だったのか。転んで、何を得たのか。たとえつらいことがあったとしても、それはただ傷ついただけではありません。そのことによって生きづらさが生まれたかもしれませんが、恩恵のように何か身についた力があるかもしれないのです。優しくなれたかもしれない。忍耐力がついたかもしれない。それは、自分らしく生きることの大切さを教えてくれた体験になるのです。

主宰しているライフアーティストのクラスに、自分史を書くプログラムがあります。最初、受講生たちは気が重いようです。しかし、多くの受講生がすばらしい自分史を書いてきます。そして、みんな晴れ晴れとした表情をしている。書いているうちに、感謝の気持ちがあふれてきた、自分のことが好きになった、と多くの受講生が話してくれました。

自分史を書くことによって、それぞれの心に変容が起こります。クラスでは、ラジオのナビゲーターをしているプロフェッショナルの方に朗読をしてもらいます。ラジオを聴くように自分の物語を聴くことによって、カタルシス（浄化）が起きるのです。その前後では、顔の表情がまるで違います。生まれ変わったような、そんな清々しさがあるのです。そして、内側からエネルギーが湧き起こっています。その変化こそ、クラスで自分史を書くことの醍醐味なのです。

大切なことは、自分史を書いて振り返ることばかりではありません。これまでこうして生きてきた。こんなことがあり、自分はこうなった。ここまでが一般的な自分史です。自分が持っていたもの。興味があってやってみたこと。チャレンジしたこと。乗り越えたこと。よかったことは宝物。悔しかったこと。悲しかったこと。つらかったこと。それも、宝物。自分の糧にできたときに宝物に変わるのです。

さあ、ここからが次なるステップへのブリッジになります。振り返ることによって、そこに自分の人生という物語が出来あがりました。大河ドラマとはよく言ったものです。まさに私たちは人生という大河を渡っているのです。そう、ガンジス河のような大河を。そこで進行方向へ目を転じてみましょう。どんな景色が拡がっているでしょうか。細かい流れは見えないかもしれません。でも、その流れは自分で創っていけるのだという感覚が生まれたのではないかと思います。この先は闇の中でも霧の中でもない。自分で歩く道をデザインしていける。それを実感してください。

また自分史を書くことで、自分の特質なども見えてきます。若いときに興味があったこと、好きでやっていたこと。わくわくしたこと。そこに、未来を創るモチーフがあるかもしれません。自分の棚卸しですから、忘れていた何かがヒントになることもあるのです。

自分の『パターン』も見えてきます。『パターン』とは、思考パターン、行動パターンのことです。たとえば、すぐにあきらめてしまう自分がいたり、面倒なことは避けて通ってきたなど。また恋愛においても、いつも同じような理由で別れたり、うまくいかなくなったりなど、何度も繰り返してきた自分の傾向です。

また、嫌われるのが怖い、認められたいから頑張る、いつも人の好みに合わせる……というのも、広い意味での自分のパターンと言えるでしょう。これらの自分のパターンの多くは、幼少期の親子関係から生まれたものと考えられます。親との関係において、子どもは幼いながらどのように振る舞うのがいいのか無意識のうちに決めてしまうのです。

また、親の思考パターン、価値観の中に自分がいるかもしれません。どちらにしても、それでは『自由』とは言えません。自分がこれまで持ち続けていた不自由なパターンがなかったかどうか、自分史を通して見てみましょう。そしてもうこれからの自分には必要がないと思ったなら、手放すことです。その思考、行動パターンが、果たして自分が本当に貫きたいパターンなのかどうか、考えてみましょう。これが、ミッドライフ・クライシスのトンネル、新しい自分が生まれるための産道の最終コーナーです。

自分史を書くメリットについてお話してきましたが、自分をしっかりと振り返る力は必ず次のステップへの弾みとなります。誰が読むわけでも、ジャッジをするわけでもありません。**自分自身と向き合い、自分と一緒に書く気持ちで自分の物語を完成させてください。**目を背けずに、かけがえのない自分の思いを掬い上げ、自分史を書けた人ほどブレークスルーします。新たな自分と出会う過去への旅は、明日の自分への出発点なのです。

自分史の書き方

では、次に自分史の書き方を説明していきましょう。まず、最初に年表的にこれまでを振り返ります。行と行の間に余白を入れてください。これは下書き、記憶を思い起こすきっかけ作りです。

○年○月○日　○○と××の間に長女として生まれる。

○年　××小学校に入学。

○年　△△社に入社

このように、自分が歩んできた道を時系列で書きだします。おそらく、書いているうちにいろいろな出来事や感情を思い出してきます。一度観終わった映画を巻き戻し、場面場面を思い出しながら味わうようなイメージです。そこから出てきた感情や、小さな出来事、言葉、その頃読んだ本など、思い出したことを、行間の余白にどんどん書き込んでいきます。うれしかったこと、楽しかったこと。悲しかったこと。悔しかったこと。誰が読むものでもありません。**書きにくいことも、言いにくいことも、この際書ききってしまうくらいのつもりで書いてみてください。**

自分史の書き方として、二つのスタイルがあります。ひとつ目は、年表をたどっていく書き方です。言ってみれば、歴史の事実と解説がある、という感じです。ある人は、年表方式にその時々の感情や分析を織り交ぜながら自分史を完成させました。二十代の初めの頃までのことが詳しく述べられていて、二十代後半、三十代についてはさらりと述べられていました。

これは意図的というよりも、無意識的に配したバランスと考えます。全体のバランスとして、前半のほうの比重が重いのですが、これにはふたつの理由があります。幼少期を深く振り返ることが必要だったこと。もうひとつの理由は、後半部分を語りたくなかった……ということです。無意識のうちに避けているのかもしれません。書き上がったときに、このバランスの偏りに気づけたらいいですね。その気づきから学ぶことがたくさんあります。

年表形式で書く場合に気をつけることは、客観的になりすぎない、クールになりすぎないことです。自分を振り返るのですから愛情を持って、その時々の光景や感情、感動したことを思い出しながら書いてください。書き手の『熱』は文章、言葉に現れます。俯瞰した文章であっても、そこに『熱』があるかどうかは伝わってくるものです。

もうひとつには、『物語』のように書いてみるという方法があります。たとえば「〇年に小学校に入学」など、そこまで細かく書く必要はありません。〇才のときに、小学五年生のときに、などざっくりとした表現で構いません。あまりにも細かいところにこだわりすぎると、大事なポイントに焦点が当たらなくなります。

五十代を過ぎて振り返ってみると、人生は物語であり、私たちは物語を作りながら生きているのだな、とつくづく思うようになりました。たとえば、どうして失敗をし、そこからどうやって立ち直っていくのか。まさにドラマはここにあります。投げやりになって自暴自棄になることもできるし、知恵を絞って状況を立て直すこともできる。どうするかは自分次第、どんな物語にするかは自分次第なのです。

振り返ると、若気の至りもあり、知恵が足りなかったこともあります。物語にするからといって、何もかも美談にする必要はないのです。その時点にそんな自分がいて、いまここに人生最先端の自分がいる。そこをどう捉えるか、ということ。たとえば、若気の至りから得たものは何だったのか、そこを深めて描くことができると物語になるのです。

点と線をつなげていく。私たちは生まれてから時間の連続性の上にいます。過去の一点がいまにつながっていることがあります。そこをたどっていくと、これまでの心の歴史が見えてくるのです。あの頃の出会いがいまにつながっていることがあります。あのときに決意したからこそ、いまの仕事につながっていることもあります。

その線をたぐり寄せてみると、そこにたくましい自分がいるかもしれないし、弱気になっている自分がいるかもしれない。いろんな自分がいる。なんて愛おしいことか。それも私たちの物語です。

そして、支えてくれたたくさんの人がいる。もう会うことがない人も、そのときに出会った意味があったのです。

また、中にはもうピリオドを打ったほうがいい点と線があるかもしれません。そんな区切りをつけるのも、振り返るきっかけがあったからこそ、できることなのです。

積み重ねてきた『時』を物語にする。自分と関わったひとりひとりの顔を思い浮かべます。波瀾万丈な人生だったかもしれない。でも、たくさんの恩恵を受けていたことに気づくと思います。そのときに、深い感謝の気持ちが湧き起こってくる。ここも大事なポイントです。

これまでの人生があったように、これからの人生があります。私たちは物語を生きている。いま、この瞬間に決めたことが点となり、未来へ続く線になっていく。人生を創造しているのです。どんな物語にしていこうか。自分史を書くことで自分を知り、そして未来への扉を開くのです。

「どうでもいい」は魔法の言葉

あなたが一歩踏みだす前に伝えたいこと

自分史を書く。自分を振り返ることは、これまでの人生の『棚卸し』をすること……と考えてみてください。いろいろなことがあり、いろいろな思いをし、多くの人と出会い、離れ、いろいろなものを手に入れて、手放して、いまがあります。そして、そんな自分が明日を創っていきます。

私自身、自分を振り返ると（どうしてあのとき、あんなことをしてしまったのだろう）と思うことや、手放せない感情、忘れられない場面がたくさんあります。日常の中で、ふっと嫌な想い出が浮かび上がることもあります。それも、一年、二年前のことではなく、十年、二十年前のことだったりすると、まだ手放せていない自分にうんざりします。

自分の中に澱のように残っている手放せない感情は、自分を不自由にします。

これを身体に置き換えてみると、澱のように残っている感情は体内毒素……です。ご存知のように、体内毒素はさまざまな病気や不調の原因になります。それが心の中にあるということになります。

生きづらさは、魂が大きく翼を広げようとするのを阻むことになります。本来の私たちが望んでいるのは、何ものにもとらわれず自由に羽ばたくこと。「自分らしく」という表現は使い古されていますが、自分らしくあるというのは収縮していくことではなく、両手を大きく広げて世界を感じ、生きることを楽しむところにあると思うのです。

自分を羽ばたけなくしているのは、自分のこだわりや執着です。傷ついたことを握りしめている自分です。実は、無意識のうちに「傷ついた私」でいることを選択していることもあるのです。たとえば、人間関係でつらいことがあったとします。つらかった自分、傷ついた自分でいれば、その出来事を相手のせいにしておくことができます。もしかしたら、いま自分の人生がうまくいっていないのもそのことがあったから……と、被害者というヴェールの中にくるまっているかもしれません。

さて、あなたは「それ」を持ち続けて幸せでしょうか。魂が喜んでいるか。それが自分らしいことなのか。

もしも、手放せないものがあるのなら、それがこれからの自分にとって必要なのか、必要でないのか検証してみましょう。


必要がないことはわかっている。

でも、どうしてもすぐに思い出してしまう。忘れられない。


起こったことには意味がある。意味のないことは起こらない。自分史の章でもお伝えしましたが、いろいろな体験が教えてくれた何かを、しっかりと学んでいくことが次へのステップになります。そして、その体験に（学ばせてくれてありがとう）と心からの感謝をし、天に返すイメージで手放します。

ライフアーティスト・コースの中に、「いちばん感謝したくない人に、感謝の手紙を書く」というプログラムがあります。これはまさに、感謝と共につらかったことを手放していくプログラムであり、実践した人の多くが新たな気づきを得て、手放すことができています。ただ心の中で行うプロセスではなく、『書く』ことによって、その想い出なり感情を自分の外に出します。手放せずにいたものは、緊張感であり、ストレスです。それを言葉として現実化することによって、脳にリリースしていいということが伝わるのです。

「いちばん感謝したくない人に、感謝の手紙を書く」このテーマを出すと、受講生の皆さんは一瞬戸惑います。ところが、ほどなくみんな手紙を書きはじめます。おそらく、「いちばん感謝したくない人」と言われて、直感的に思い当たる人なり、出来事があったのだと思います。その直感に従って、手紙を書く。このプロセスには、まさに心の澱が外へ向かうエネルギーの流れがあります。

中には、父親を交通事故で亡くした人が、加害者に向けての手紙を書きました。小さい頃に自分を置いて出て行った母親への手紙もありました。お金をだまし取った人へ、腐れ縁だった恋人への手紙もありました。どの手紙もパワフルで、気づきがあり、感謝がありました。書き終えると、皆さん晴れ晴れとした顔をしているのです。

つらかった出来事、残ってしまった嫌な感情を、感謝と共に手放す。言葉にする。記録する。感謝の手紙を書く。手放すひとつの方法として、とても有効です。

もうひとつの方法として、「キャンセル癖」「削除癖」をつけることがあります。思い出さなくてもいいようなことを、ふっと思い出して嫌な気持ちをぶり返してしまう。

思い出しても仕方のないことを、わざわざ引っ張りだしてしまう。こんなときには、

そこに引きずられず即座にキャンセルしましょう。

（ああ、あのとき……）（キャンセル、キャンセル）

（どうしてあの人は……）（削除、削除）

これを繰り返します。これを繰り返すことによって、リカバー力、リセット力がつきます。いい印象を持てない人のことを思い出して嫌な気持ちになるときにも、キャンセル、削除を意識します。自分の気持ちが澱んでしまうことを、わざわざすることはないのです。**自分の中から湧き起こってきたネガティブなエネルギーに共鳴しない、同調しない。「共鳴しない」という言葉を、意識の片隅に置いておきましょう。**

必要のないものを手放した感覚を味わってみると、これまでいかに重いものを抱えていたかが実感できると思います。ポケットというポケットに石を詰め込んでいた……というイメージでしょうか。家の中のいらなくなったものを処分すると、心も軽くなると言われています。ときめかない出来事や感情やこだわりを手放したとき、これからの自分にとって本当に必要なものが見えてくるのです。

必要のないものを手放す

あるとき、気づいたことがありました。
「私の時間には限りがある。それも、それほど長いわけではない」
わかっていたつもりなのですが、ガツンと心に落ちてきました。自分の人生にまったく関係のないことで悩む。やりたくないのに、やらなくてもいいことをする。必要のないことでわずらわしさを感じる。

もうそんなことをしている時間はない。

冷淡になるとか、無関心になるとか、自己中心になるとか、そういうことではないのです。わかっていても、些末なことにこだわってみたり、人の目が気になったり。それは果たして自分の人生に必要なことなのだろうか。ふと、自分を省みると、些末なことにとらわれている自分がいました。私の人生にまったく関係のない、無駄なこと。そのことに気づいたとき、思わずこんな言葉が出たのです。

「どうでもいい」

ふっと嫌なことが頭を横切ったら即座に、

「どうでもいい」

とつぶやく。すると、嫌なことは消えます。また浮かんだら、またつぶやく。

「キャンセル」「削除」と同じように、不穏な気持ちになったら「どうでもいい」と口に出してみます。すると脳に「どうでもいいことなのだ」と刷り込まれます。

本当に必要なこと。本当にやりたいこと。本当に会いたい人と会うこと。どうでもいいことはやらない。こう腹を決めてしまうと、すーっとするのです。

自分に与えられた『時間の泉』はいつか涸れます。それまで、美しい時間の泉であるように。どうでもいいことで汚されないように。自分にとって最善のことを選択し、必要なものを手にし、心からやりたいと思うことをするために。「どうでもいい」は、汚れを祓ってくれる、まさに魔法の言葉なのです。

第4章

なりたい自分を見つける

過去の思いを転換させる

自分は何のために生まれてきたのだろう……と考えたことはないでしょうか。何の目的もなく生まれてきたのではない、何かやりたいことがあって生まれてきたのではないか。それは仕事の先にあるものかもしれないし、奉仕活動の先にあるものかもしれません。または、日々の生活の中に、その答えがあるかもしれません。

過去は歴史です。自分史を書くとわかりますが、私たちの過去の中には、書き換えられる過去があります。たとえば、過去にとても傷ついた失恋をしたとします。そのことでとても傷つき、自分は愛される価値がないのだと思っているとしましょう。失恋したということは事実です。これを消し去ることはできません。しかし、「自分は愛される価値がない」という思い込みは、書き換えることができます。

恋人と別れたことで、自分は愛される価値がないのだ……と思ってしまう。それほどの恋愛をできたこと、それほど愛する人と出会ったこと。これは事実です。ふたりで過ごした時間があった事実は消えません。それは、人生の中でとても幸せなことだったのではないでしょうか。別れたことは悲しい。結ばれなかったことは本当につらい。でも、失ったことで気づいたこと。失ったことで学んだこと。そこへ一歩、二歩、踏み込んでいくのです。

「愛される価値がない、悲しい」という感情に留まらず、「そんなふうに自分を低めてしまう自分に気づかせてくれた別れだった」「愛することを教えてくれた」「楽しい想い出をたくさん作れた」と解釈できたら、別れた恋人への感謝につながります。このとき、過去の歴史が変わるのです。もちろん、その解釈が都合のいい解釈、苦しさを紛らわす解釈では意味がありません。心から感謝の気持ちが湧き上がってくることが大切です。心からの気づきは、体感を伴います。湧き上がってくるあたたかさを感じてください。

このような思いの転換が、人生の物語を紡ぐのです。悲しい出来事、つらい出来事の中にある恩恵を見いだしていく。見いだせたときに、心の次元がひとつ上がるのです。過去の歴史を愛と感謝に書き換えると、内側から自分本来の光があふれてくる。その光で、未来を創っていきましょう。

生きがいを見つける

毎日を充実させたい。夢を叶えたい。仕事も生活も楽しみたい。自分を輝かせるにはどうしたらいいのか。自分は何をしたらいいのか。誰もがこれから先の人生をどう生きていくかを考えます。自分を発揮できること。没頭できること。張り合いを持てるもの。生きている甲斐を感じる何かを持っていることは、強み、支えになると思います。『生きがい』を感じられる何かは、自分を鼓舞し、生きるエネルギーを与えてくれます。それが仕事であっても、生活の中にあることでも、創造的な活動でもいいのです。生きがいを感じることで、幸せ感を得やすくなり、日々の中に多くの価値あるものを見いだす感性も磨かれる。生きがいを持つことは、人生の質を変えるのです。

私が『生きがい』という言葉に出会ったのは、ずいぶん前のことです。小学五年生のとき、同級生の作文が私の人生にひとすじの光をあててくれました。将来自分は何になろうか。生きるってどういうことなのだろう。そんなことを考えはじめていた頃でした。

「生きがいということ」

このタイトルに引き込まれるように、作文を読みました。生きがいの意味もよく知らない頃です。

「私の生きがいはバレエです。毎日レッスンを重ねて海外のバレエ団に入り、プリマになること。そして、世界中の人に美しいバレエを観て喜んでもらうことです」

小学生の将来の夢を書いた作文と言えばそれまでですが、「生きがい」という言葉に深い感銘を受けました。

そうか、生きがいとは、どう生きるかということなんだ。生きがいとは自分を生かすこと、生きる目的になること……。そしてそこには喜びがある。人を喜ばせる喜びがある。小学生なりの頭で考えた人生、生きがいですが、この友達の作文が「生きがいを持って生きよう」「自分の才能を生かして生きよう」という決意のきっかけとなり、作詞家としてのいまの自分につながりました。

私にとって「表現すること」「伝えること」は仕事であると同時に、私という人間の存在証明です。そして、ただ表現するのではなく、私が表現したもので喜んでくれる人がいる、ということが心を鼓舞するのです。ですから、表現するということは私の生きがいであると同時に、次にお話しする天命とも言えるのです。

私の母の若い頃の夢は、青少年問題に取り組むことだったそうです。正義感が強く、弱い人を放っておけない母らしい夢だったと思います。その若い頃の夢を叶えることなく父と結婚して主婦となったのですが、ときどき「生きがいを持つことは大事よ」と、若い頃を振り返るように話してくれました。

母は五十代に入ってから、家庭裁判所の調停委員になりました。離婚調停にはじまり、少年問題も扱うようになりました。もう、水を得た魚のようです。非行少年が更生するように相談に乗り、必要な情報を与え、時には励ましたり悟したりしたのではないかと思います。情熱を注げる場があったことは、母にとって幸せなことだったと思います。七十歳の定年を迎えるまで、生きる活力を得た二十年を過ごしたのでした。

仕事でもボランティアでも趣味でも、何でもいいのです。そこに生きている喜びがある。役に立っている喜びがある。創造の喜びがあるのです。

生きがいがない。何に対してもやりがいを感じられない場合はどうしたらいいのでしょうか。『生きがい』の意味がわからない、という人もいます。これは「何かをしたくても、何をしていいかわからない。したいことがない」ということにつながります。

世の中に対して、仕事に対して、家族、人間関係に対して不平や不満が多い。まだ未知のものに対して、（どうせこんなものだろう）（どうせできない）と思っている。人の粗ばかりが目につく。上から目線になる。感謝できない。未来にいいイメージを持てない。生きがいを持てない理由をひとつにまとめてしまうと、「自分のことが好きじゃない」「自分を愛せない」ということはないでしょうか？　生きがいを持てないから自分を愛せないのではなく、自分を愛せないから、自分の生かし方がわからないのです。

生きがいを感じられないという人は、人に喜んでもらえることをしてみましょう。誰かの役に立つことをするのです。人を笑わせることでもいい、手助けが必要な人に手を貸すことでもいいのです。ささやかでも喜ばれること、感謝されることを。その体験を積み重ねていくと、自分の中に肯定感が芽生えていきます。与えることによって快感ホルモンが分泌されるように人間は出来ているのですから、素直にそのように行動すること。素直に、気楽に、喜んでもらえることを。どうしていいかわからない……その答えは、一歩踏みだすことによって見えてくるのです。

「やりたいことがわからない」の奥にある本音を知る

『生きがい』というテーマから、「やりたいことがわからない」ということを、もう少し深めていきましょう。定年間近のある男性は、三十代の頃からその仕事が向いていないので辞めたいとずっと言い続けてきました。だからと言って、他にやりたい仕事が特にあるわけでもないのです。辞めたい、でも何をしていいかわからない。この堂々めぐりがはじまると思考が迷路に入ってしまいます。

やりたいことがわからない理由として、次のポイントがあります。

❶自分に自信がない。
❷何に向いているのかわからない。
❸何事にも本気になれない。
❹あきらめ癖がついている。

そして、やりたいことが見つからない理由として、次のポイントがあります。

❶実は、いまの生活に満足している。しかし、そのことに気づいていない。

❷まだ何もしていない。

❸頭で考えすぎるあまり、思考が停止している。

何をすればいいかということは、目標があって初めてわかることです。その目標がわからない。そこから「やりたいことがわからない」につながります。たとえば、大学を、「有名大学だから」「自分のレベルに合っている」という理由で選んでいないでしょうか。いまの日本の受験制度の中では、大学に入ることが第一の目標と考える人が多いのではないかと思います。でも、実は大学は自分の目標を達成するために必要な知識やスキルを学ぶところです。大学それ自体が目標ではないのです。

たとえば、起業したいのなら経済や経営やマネジメントについての知識が必要です。何となく、就職活動で有利、経済学部だとつぶしが利くといった理由で進学しても、そこで何をどう学べばいいのかわからないでしょう。

目標が明確であれば、そのために必要な勉強、研究ができる大学を選びます。そして学部の中でも、必要な講義を受講します。つまり、目的がはっきりしているので、そこへの道筋がはっきりしているのです。

大学受験を例にあげましたが、何となく就職し、何となくそこで仕事をしている……という人も多いのではないでしょうか。確かにこの時代、望んだ分野にすんなりと入れるような甘い状況ではありません。でも、一方ではこれまでにはなかったようなことが仕事になっています。新しい仕事が生まれているのです。

たとえば、カウンセラーやコンサルタントひとつとっても、さまざまなジャンルの専門のカウンセラーが登場しています。テクノロジーの進歩も、多くの選択肢をもたらしてくれています。そういう意味で、可能性は広がっています。そんな中で「やりたいことがわからない」というのは、本当はやる気がない……にもつながっていくことだと思います。

自分に自信がないのなら、こつこつと努力を積み重ねるプロセスを大切にしましょう。誰もが、自信満々に目標に向かっているわけではありません。自信というのは、行動して、さまざまな経験を重ねて身についていくものです。目標を決めてこつこつと努力を積み重ねていく。小さくても達成感、成功体験を味わうことは大切なことなのです。

また、根拠のない自信というのもあります。なぜかわからない。やったことがない。でも、自分ならやれる…と確信している。これは思い込みとも言えますが、「やれる」「自分は大丈夫」という強い潜在意識が、根拠のない自信になります。根拠のない自信は、ある種の思い込みなので、自分に思い込ませる。つまり、新たに潜在意識に刷り込んでいけばいいのです。「できる、できる、できる」「大丈夫、やれる」といつも自分に言い聞かせます。大丈夫、できる、と繰り返し言っているうちに、心が晴れてくるような感じがします。

私も小さい頃から根拠のない自信だけはありました。特に成功体験をしたという記憶はありませんが、自分の人生に大きな不安はありませんでした。だからと言って、何もなかったわけではないのです。十代の頃、心の中では葛藤が渦巻いていました。それでも「私は大丈夫」と根拠のない自信を持てたのは、大学を卒業したら自分の道を歩むのだと決めていたからだと思います。

たとえ環境的に恵まれていたとしても、自信を持てない人はいます。また、何をしても思うような結果を得られずに自信を失った人もいます。そんなときは、自分の命の根源まで遡って考えてみてください。大きなスケールで考えてみるのです。宇宙空間において、たまたま星間物質が引き合い、地球が出来た。そして地球には偶然にも水が存在した。生命の起源は諸説ありますが、たまたま微生物が発生し、そこから進化して人間となったわけです。たまたま星間物質が引き合い、たまたまそこに水が存在し、たまたま微生物が生まれた。私たちは偶然という奇跡によって存在しているのです。これだけでも、なんとありがたいことでしょう。私たちのこの肉体がいかに尊いか。この命を粗末にしてはいけないことを強く感じます。

「やりたいことがわからない」「自分に自信がない」ということから、人類誕生の話になりました。大袈裟な話だと思われるかもしれませんが、私たちが自分の価値をどのように捉えるかというとき、視野を思いきり広げて考えてみると本質が見えてくることもあるのです。**もしも自信を持てないと思うのなら、自分の存在の重さに思いを馳せてみてください。立ち止まっていないで、この命を有効に生かしていくことを考えるのです。**

やりたいことがわからない。そう思い込むのは、自分の可能性の枠を作っていることになります。その思い込みから出たくないのです。本心では「やりたくない」「面倒だ」と思っているのかもしれません。

やりたいことがわからない。自信がない。そう思ったとき、自分の本心がどこにあるのか考えてみましょう。そこが次の扉を開く突破口になるかもしれません。そして、生きがいを見つけるときのように、与えることをするのです。また楽しいこと、わくわくすることを積極的にやることです。人を喜ばせ、自分の心が湧きたつ体験を重ねるうちに、スイッチの場所がわかってくるのではないでしょうか。答えは自分の中にあるのですから。

本当に望んでいることを見つける

では次に、『やりたいこと』を掘り下げていきましょう。それは、自分が本当に何を望んでいるのか、ということを知ることでもあります。

やりたいことをリストアップする。

まさに、そのままストレートな方法ですね。やりたいことの大小にかかわらず、やってみたい、行ってみたい、叶えたいことをできるだけたくさんリストアップします。最低でも百くらいのやりたいことを絞りだしてください。そして、リストは間隔を空けながら書いてみてください。

お正月にハワイに行きたい。
休日にはゆっくりしたい。
ダイエットしたい。
一日中寝ていたい。
ニューヨークでミュージカル三昧したい。
読みたい本を読めるだけ読みたい。
ゴルフを習いたい。
料理をうまくなりたい。
楽器を弾けるようになりたい。
英語を話せるようになりたい。
海外で生活したい。

このようにリストアップしてみて、気がつくことはありませんか？　やりたいことがわからない、と言っていたにもかかわらず、絞りだしていくとやりたいことばかりです。やりたいことがない、と悩んでいたことが幻想だったことがわかります。幻想で悩むことほど馬鹿らしいことはありません。同じ幻想なら、もっと心がわくわくするような幻想を持ちましょう。

「……したい」という言い方は、「……したかったけれど、できなかった」につながります。脳に「できた」という過去形、または断定的に言い聞かせます。過去形にすることで、「できた！」と脳に刷り込んでいきます。

次に、それを叶えるためにどうしたらいいのかを、リストとリストの間のスペースに書いていきます。

お正月にハワイに行く。

←

仕事、アルバイトをする。
↓
旅費を貯める。
月に○円貯金する。
↓
飛行機、ホテルの予約をする。
↓
出発！

シンプルです。いつのお正月かはわかりませんが、旅費さえ確保できたら、いつでも行けます。「叶えるために何をすればいいか」ここが、最も大切なポイントです。

読みたい本を読めるだけ読みたい。

↓
仕事、アルバイトをする。
↓
書籍代の予算を確保する。
↓
本を読む時間を確保する。
↓
思う存分、読む。

↓
本を読む時間を確保する。
↓
図書館へ行く。
↓
思う存分、読む。

シンプルすぎます。でも、こういうことなのです。ハワイに行きたければ、旅費を貯めることからはじまります。そのためには何をしたらいいか。当然のことながら思っているだけではハワイには行けません。その願いを叶えるために、わくわくしながら作戦を練りましょう。大変なこともあるかもしれませんが、その先には達成感が待っているのです。そして何よりも、人生の新しい扉が開きます。

その向こうには、会ったことのない自分がいるのです。

生きている限り、欲があります。そして憧れにも出会います。自分を大切にしたいと思う気持ちもあるし、時間を有効に使いたいという思いもあるのです。やりたいことがわからない、というのは、ただその思いに気づいていないか、大切にしていないだけなのです。

やりたいこと、叶えたいことのリストを書きながらどんな気持ちになるでしょうか。気が滅入るでしょうか。多くの人は、わくわくしてくるのではないかと思います。私たちは自分の中にある夢に気づいていないだけ。もっと自分を輝かせようと望んでいることに気づいていないだけ……ということに気づくのです。

娘が中学生のときに、叶えたいリストを書きました。まだ十代ですから、やりたいことばかりでしょう。考える間もそれほどなく、さらさらっと書いていきます。その中には「高校で留学する」「成績を上げる」「ダンスを上達させる」、そして行きたい国のリスト、そこでやっていたいことがたくさん書いてありました。

もちろん未成年ですから親の助けが必要です。それも含めてのやりたいことリストなのですが、彼女は高校留学も成績もダンスも叶えました。もちろん、現在進行形ですが。そして、海外に出たことによって、そこから世界への扉が開いたのです。

もちろん、親のサポートによって海外に出られたのですが、親は何でもOKするわけではありません。本人もその点は理解しているので、努力するのです。その努力については、親の想像を超えているでしょう。そして結果を出しながら親の了解を経て、次の目標に進む。まさに、夢を叶えていくプロセスです。

できないのではないか。本当にやれるのだろうか。石橋を叩いて叩いて、渡らない人がいます。石橋は叩いてください。それは大切なこと。でも、叩きすぎると壊れるかもしれません。石橋を叩いたら飛び越えて行くくらいの気概で渡りましょう。石橋を渡ったらイバラの道かもしれません。でも、そのイバラの道こそ、やりたいことを叶えていく花道。夢を現実に、この手にするための道なのです。

生まれてきた目的を定める

人には必ず何か才能があります。才能、特質は、天から与えられたギフト、恩寵です。もう少し深い解釈をすると、「才能とは、生まれてきた目的を叶えるために必要な能力」と言えます。でも、その『何か』がわからない。芸術やスポーツや語学など、目に見えた才能があればわかりやすいのですが、才能の『種』の在処がわからないままであることも多いと思います。表に現れていても、気づいていないのかもしれません。また、気づかないうちにその才能を発揮しているかもしれません。

大切なことは、人には必ず才能があるということを信じることです。自分にどんな才能があるのかまったくわからなかった十代の頃から、「必ず何かの才能がある」と信じて信じて、作詞という道にチャレンジしました。信じることが力になっていくことを深く実感しました。

「才能とは、生まれてきた目的を叶えるために必要な能力」。生まれてくるのに目的があったのか？　と思う人もいるでしょう。誰もが、幸せになること、幸せが続くことを考えると思います。**幸せになるために何をするのか。生まれてきた目的は、そこにあります。**持って生まれた才能を活かして、幸せになる。大切なことは、与えられた才能を自分のために使い、多くの人のために役立てること。そこに、生まれてきた目的を果たす醍醐味があると思います。そう考えてみると、この世界は個人の才能の分かち合いで成り立っているのです。私たちはその担い手のひとりです。

生まれてきた目的。天と、自分の魂との約束……と、私は捉えています。お役目、という言い方もありますね。ここでは敢えて、天命という言葉を使いたいと思います。その前に、『仕事』という、最も身近なテーマを、天命を通して考えてみましょう。

自分の天職は何か。自分が本当にするべき仕事は何だろう。何をするために生まれてきたのか。きっとその「何か」はあるはず。そう思いながらいまの仕事を続けている人もいると思います。

天職とは天から授かった仕事。その人の天性に最も合った仕事、ライフワークです。もうひとつ、適職というものがあります。これは、生計を立てるのに適した仕事です。これをライスワーク、と表現する人もいます。

さて、天職と適職。このふたつが一致していると迷いはありません。多くの人が、天職を得たいと願っていると思います。自分の天職を探し続けて職を転々とし、あちらのセミナー、こちらのセミナーと、セミナージプシーをしている人もいます。「天職は？」と目を輝かせて言う人の日常生活は、案外ゆらいでいることが多いのです。私は、天職ということには、あまりこだわらない方がいいと思っています。

天職も大事。でも、私は生きていくためには適職が大事であると考えます。適職、ちゃんと自立して生活できる基盤があること。天職を考えるのはその基盤があってこそ、なのです。**まず、いまやっている仕事に感謝をする。天職を見つけていくのは、そこからはじまります。**また、適職が天職であることも多いので、天職を知りたいと思っている場合も、まずいまの仕事について分析してみることもいいと思います。そこで自分は才能を活かしているか。わくわくする喜びはあるか、人のために役立っているか。たとえその仕事に喜びを感じられなかったとしても、自立し、生活していくために必要な仕事であれば、そう割り切ってしまうことです。そして、他の場で天職と言える何かに出会っていけばいいのです。

天命を知る

では、「天命」を知るリストを作っていきましょう。天命とは、天から望まれているミッション。それぞれの魂が、その人生で実現したいと願っている理想です。エドガー・ケイシーの霊的理想の求め方を基にリストアップしていきます。

人生を川の流れのようにイメージしてみてください。川の流れの中に大きな岩があります。木が倒れています。流れにくい箇所があります。しかし、魂の目的、天命をわかっていたら、岩や木に阻まれることもプロセスだと思えます。

天命には、三つの要件があります。

①人生を通して変わらない。人生の根底を流れている。
②利他的である。
③人生のあらゆる局面、トラブル、困難に対応できる。

この天命へのリストをしっかりと検証することで「なりたい自分」、才能、特質、そして人生のテーマが見えてきます。そこでポイントとなるのが、それを「言葉にしていく」ということです。きちんと言葉化することで、自分の中に刻まれていくのです。

天命を知るリストの作り方

❶願望（叶えたいこと）を十項目、リストアップしてください。

ここには、この人生で叶えたいこと、数年、数ヶ月のうちに叶えたいことを書きます。

自己中心的なものは除きます。または利他的になるように書き換えてください。たとえば、「お金持ちになりたい」「仕事で大成功したい」だけでは、自己中心的な願望になります。この項目を書くとすれば、お金持ちになってどう役に立ちたいのか。どう役に立って、その結果としてお金持ちになるのか。そこを書きましょう。自分をどう役立てるか……ここがポイントです。また、わくわくする願望であることも大切です。

❷才能、能力（得意なこと）を十項目、リストアップする。

大きなことでも、ささやかなことでも構いません。私には何もない……と閉ざさずに、おいしいお茶を淹れることが得意、ということでもいいのです。人を喜ばせることが好き、ということも得意なことに入ります。この才能、能力のリストをしっかりと書けることが大切です。卑下せず、自分を過小評価せずに書いてみてください。また、他人とは比較しません。

才能、能力のない人などいないのです。ひとりひとりの特質があります。それは生まれもって与えられたもの。ギフトとして与えられて生まれてきたのですから、その特質を生かして、発揮していくことが自然なのです。それが、与えてもらったことに対する恩返し……と考えてみたらどうでしょう？　自分の才能や能力、得意なことに対して、いつもオープンでいてください。

❸感動リストを書く。

感動はエネルギーです。感動は、自分の感性と「何か」との化学反応から生まれたエネルギーです。自分がどんなことに感動するのかを客観的に見てみると、自分の感性の傾向がわかります。感動するポイント、それも天命を知るヒントを与えてくれます。

❹天命を導きだす。

次に、❶願望リストと❷才能、能力リスト、❸感動リストから「天命」を導きだします。天命とは、言い方を変えると「志」、神様の前に出してもはずかしくない志のことです。

「志」というと、抵抗のある方がいらっしゃるかもしれません。心に決めた高い目標です。心に決めた志は、時に灯明台のように道を照らしだしてくれます。ただ生きることだけでいいのか、自分にできる何かを為しながら生きるのか、志の有無で人生という道の歩き方が変わってくると思います。

ではどのように❶と❷をつなげていくかということをお話していきましょう。

「これを叶えたい」「こうなりたい」という願望と、才能、能力というのは、よく見ていくと近い場所にあることに気づきます。たとえば、私が作詞家になる前のことを思い出してみると、次のように考えていました。

❶願望リスト

・ゼロから何かを作りだすことをしたい。
・自分の才能を生かして、豊かになりたい。
・灯明台になりたい。（家族にとって）

❷才能　能力リスト

・文章を書くこと。
・本質を見抜く目を持っている。
・プロデュース力がある。おもしろいことを企画することが好き。

❸感動リスト
・十七歳のときに満天の星空を見て、宇宙にいることを実感したこと。
・海を見たい、と思ったその日に、学校をさぼって海を見に行ったこと。

大学時代に雑誌のＪＪの記者のアシスタントをしていたとき、渋谷で一目惚れしてヘアスナップを撮らせてもらった高校生がいました。いわゆる、その頃流行のヘアスタイルでも顔立ちでもなかったのですが、きらっと光るものを感じたのです。その女の子は、ＪＪに出たことがきっかけである企業のキャンペーンガールに選ばれました。後にそのことを聞いたとき、私は自分の審美眼に確信を持ちました。才能、能力リストに「本質を見抜く目がある」と書いたのはちょっと大袈裟かもしれませんが、これもひとつの能力に入れてみました。

また、感動のリストから、かなり感覚的であることがわかります。そして、ひとつのことからふたつのポイントに感動をしています。満天の星空と宇宙にいるということ。海に行きたいと思ったことを、即実行できたこと。学校をさぼってというのが如何なものかなのですが、思ったことをすぐに実行できた自分に感動したのです。想像力と、感覚を深める特質がありそうです。

この私のリストの❶と❷、❸から、天命を導きだしてみると、次のようになります。

「文筆を中心に、本質的なことを伝える何かを発信し、多くの人の灯明台となる」

どうでしょうか。これは決して後づけでリストアップして考えたことではありません。当時、自分が考えていたことからリストを作り、つなげるとこのようになりました。これが天命、天職の性質になります。

私は幸いにもこの時点で作詞家になるという目標を立てるきっかけを得ました。そこから先はやるべきことをやるのみでした。

次にふたつのリストを作成します。

❶天命を叶えるための心の持ち方リスト

ここには、天命を実現していくために、どのような心がけ、方針、態度をとるかということを書きます。たとえば、「あきらめないこと」「忍耐強くなること」「落ち込んだらそこから学ぶこと」といった具合に、精神的なことを書いていきます。私が書くとしたら、「あきらめないこと」「続けること」「できる！　と信じてイメージをいつも持っていること」といった点を心がけとして大切にします。

❷天命を叶えるための具体的な行動リスト

天命を実現するための具体的な行動、努力すれば実行できることをリストアップします。このポイントも重要です。歩きださなくては、目的地にたどり着きません。「勉強する」「情報を集める」「人間関係を創る」「体力をつける」「言葉に気をつける」など、やるべきことをリストアップします。

作詞の修行時代、会社から戻ってから毎日勉強するプログラムを決めていました。

「二日で一つ歌詞を書く」「名作を二十回書き写す」「想像力拡大法をひとつする」「本に線を引いた箇所を書きだす」等々。これらのノルマを課し、毎晩夜中過ぎまで勉強しました。淡々と、情熱を持って勉強した二年間。その修行時代なくして、いまの自分はいないのです。

この項には、やるべきことをかなり具体的に書くことがポイントです。一日に、何をどのくらいやるか。「一日に名曲の書き写しを二十回」、といった具合です。具体的に書いた数値なり行動をひとつひとつこなしていると、達成感が生まれ、それが快感になってきます。ストイックな自分が好きになる……というのはナルシストのようですが、自分で自分を鼓舞し、追い込んでいく感は、目標に向かっている実感を与えてくれるのです。

天命がわかったところで、それを文言にします。

「文筆を中心に、本質的なことを伝える何かを発信し、多くの人の灯明台となる」

このように文章にしてみてください。そして、唱えるように言葉にして言ってみましょう。声に出して、潜在意識に刻み込むように。そのときの感情を味わってみてください。わくわくしてきますか？　ちょっと泣きそうになる。胸が熱くなる……。それは、魂が喜んでいる現れです。この感覚を大切にしていきましょう。

天命の言葉を、いつも自分の身近に置いておきましょう。私は、この言葉を書いた小さなカードを手帳に入れています。そうして自分の中にその言葉、テーマを落とし込んでいくのです。

いまの仕事が、導きだした天命とは一致しないかもしれません。だからと言って仕事を辞める……ということは、くれぐれもしないように。もしかしたら、その仕事の中でも活かせる要素があるかもしれません。また、天職と適職の違いなのかもしれません。そこは、きちんと見極めていきましょう。

天命とは、自分を社会の中で生かして生きること。自分の本分を発揮することで、多くの人の役に立てる……こう思うだけで、胸が打ち震えます。発揮すればするほど、魂が喜ぶのです。

なりたい自分になるために行動する

ライフアーティスト・コースの受講生で、「何かを変えたい、でも何をどう変えたらいいのかわからない」という人がいました。仕事も変えたいのですが、何をしたいのかわからない。自分をどうしていいかわからずに、途方に暮れている感じがしました。三十代半ばのその人は、まさにミッドライフ・クライシスのトンネルの中にいたのです。

コースの中であまり多くを語らなかったのですが、自分史の中でその人はとつとつとこれまでの歩みを語りました。おそらく、これまで人に語ってこなかった心の内を……それは一部だったかもしれませんが、言葉にすることができました。そして、天命のリストを書いているうちに、その人は自分の中に「古いものが好き」というキーワードを見つけました。

骨董を勉強したらいいのではないか。日本文化を学ぶのはどうだろう？　いろいろなアイディアが出たのですが、すぐに踏みだせないその人がいました。

クラスが修了してから半年ほど経った頃でしょうか。京都に引っ越すことにしました、と連絡がありました。仕事も、引っ越してから見つけると。

「まずは引っ越して、生活に慣れることからはじめます」

それまで自分のことをあまり話さなかった彼女が、話をしてくれるようになりました。

この決断！　おそらく、その人の中でエネルギーが動きだしたのだと思います。もっとわくわくすることを、もっと心が喜ぶことを。もっと自分らしくありたいという強い思いに突き動かされたのでしょう。自分史を書いたこと、天命のリストを作ったことが、背中を押したのかもしれません。動きたくないのかな……という杞憂を見事に吹き飛ばしてくれたのです。感性が刺激される場所で、いろいろな経験を積みながら変容していくのでしょう。人生を変えるのに時間はかからない。心から望んでいることを選択すればいいのだと、彼女が見せてくれました。

変化ではなく、変容。進歩ではなく、進化。自分が何者かわからない。何をしていいのかわからない。もやもやとして、生きづらさを感じる。私自身、三十代の初めの頃に味わったその長いトンネルは、新しい自分を生みだすための『産道』でした。新しい自分になるための、生みの苦しみだったのだと、いまはわかります。

青虫から蛹になり、そして美しい蝶になる。ミッドライフ・クライシスは、まさに蛹の中にいるときなのです。蛹の中で、青虫は自分の身体を溶かし、新しい身体に作り替えていきます。壮絶なプロセスですね。ここに、自然界からの大きな教えがあるように思います。

一歩踏みだすとき、勇気がいります。水たまりを飛び越えるときに「えいっ」と気合いを入れるように、腹を決める、胆を据えることです。だからと言って、「変わらなければいけない」「変容しなくてはいけない」「進化しないと私の人生はだめになる」などと、プレッシャーに思わないでくださいね。**一歩踏みだすのに勇気は必要ですが、プレッシャーは必要ありません。**プレッシャーを課すことは、枠を作ることになります。枠が出来てしまうと、枠の外に出られません。思考も枠を超えていくことはできなくなるのです。

「枠を外す」

これは、心を自由にしていくための、最も重要なキーワードです。もっと自由に、望むように。

「自分に対して、心をひらく」

他人に対して心をひらくことは、世界を広げていくために、また多くの人と深くつながるために大切なことです。心をひらくということは、相手を信頼していることの証です。話していて壁を感じる人とは、なかなか親しくなりづらいものです。何を考えているかわからない人に対して、私もつい距離をとってしまいます。私自身も、その人に対して心をひらいていない、ということになります。

自分に対して心をひらく。それは、自分を信頼しているということです。自分を大切にしていることです。「大丈夫、私はやれる。やる」と、自分の可能性、持てる力を信頼してほしいのです。

結果を出していないから、自分を信頼できない、という人もいると思います。しかし、結果を出すために行動するのは自分なのです。「結果を出していないから、信頼できない」というのは、やはり『枠』を作っていることになるのです。行動する自分を信頼することから、結果は生まれるものではないでしょうか。

「自分に対して、心をひらく」ために、小さな達成感を積み重ねることを意識してみます。今日一日、予定通りのスケジュールをこなせた。初チャレンジしたお料理がおいしくできた。そのようなささやかな達成感を実感していきます。

心をひらけない理由のひとつに、傷つくことへの怖さがあります。理解されない、わかってもらえないことへの失望感、自己開示していくことへの怖さがあるのです。自己防衛本能が働くのです。ここに、もやもやの源泉があります。人生を変えたい。このもやもやから脱したいと思うのであれば、もやもやがどこから出てくるのか知る必要があります。そのためには、自分に対してまず自己開示しなければなりません。そのためにも、自分史と天命リストを書くのは有効なのです。他人に見せるものではないのですから。自分のために書いてみましょう。見ないふりをしていては、変わらないのです。

怖れ、不安を外すのはなかなか難しいですね。何かのきっかけで生まれてしまった怖れ、不安……でも、それはまだ起こっていないこと。幻想と言ってしまえば、幻想です。怖れ、不安を抱いていることは事実です。しかし、それは真実ではないのです。

「なりたい自分になる」「自分らしく生きる」それが具体的に見えていなくても、自分の中の違和感を外していくことによって、自分が自分であることに

心地よさを感じてくるはずです。自分らしさが阻害されてしまうのは、違和感をそのままにしているからです。そして、私たちはいつも動いています。流れています。ですから、いまこの瞬間の感覚を持ち続けられるとは限らないのです。

私たちは常にプロセスの中にいます。常に変化し続けている。明日の自分は、今日の自分ではないのです。人生に対して、もっともっと創造的であること。そのためにどのような行動をとっていくか……次章でご案内していきます。

第5章

さぁ、これからの物語をはじめましょう

魂が喜ぶ人生の物語を創るための「魂のシナリオ」を知る

ミッドライフ・クライシス。自分のことは自分がよくわかっている。自分のことは、自分で決める。何となく見えていた景色がにわかに曇り、霧の中に。霧が晴れたとき、もうその景色はそこにないかもしれない。出口の見えないトンネルを手探りで進みながら、私も心もとない数年を味わいました。

ただひとつ、固く信じていたのは、出口のないトンネルはないということ。そして、探し求めている答えは自分の中にあるということ。その答えを『記憶していちばん古い夢』から導きだせたのは、自分自身をあきらめなかったからだと思っています。もやもやとした気持ち、自分がわからなくなってしまうこの状態を、単に気分の問題として捉えるのではなく、新しい自分になるためのプロセスだと捉えると、変容が起こるのです。

誰もが、ポジティブであることの重要性を知っています。波に乗っているときには、何もしなくてもポジティブでいられます。本当にポジティブであるというのは、落ち込んだとき、困難なときにいかにポジティブでいられるかということ。私は、自分の体験を通してそう思うようになりました。

人生は物語のようです。冒険物語、Life is adventureです。シナリオを書いているのは私たち。私たちの選択と行動と思考、感性が創り出す物語です。どんな波に乗るか。ピンチのときに、どのように乗り越えるか。常にアップデートされています。いま、この瞬間のひとつひとつが物語を創っているのです。

もうひとつ、私たちが書くシナリオの奥には、魂のシナリオがある……と私は考えます。これは日々アップデートされているというよりも、生まれたときにはすでに描いてあるシナリオです。魂が、その特質を発揮するためのシナリオです。

魂のシナリオをどのように読み解いていったらいいのでしょうか。自分の思考や心はイメージできても、魂となるとイメージしにくいかもしれません。そもそも、魂というものが存在するのかどうか、魂とはいったい何なのか、誰も見たことがないのですから、その存在を認められない人もいると思います。

体内記憶を持つ子どもたちのインタビューで綴られた映画『かみさまとのやくそく』の中で、多くの子どもたちが生まれる前の記憶について証言しています。空の上から母親を見つけ、滑り台で母親のもとにいくそうです。おもしろいことに、まったくつながりのない多くの子どもたちが、同じようなイメージの記憶を持っているのです。私の娘も三歳の頃、「空の上でママを見つけて、ああ、ママがいたいた、と思ってお腹に入った」と話してくれました。

これも証言だけですから現実的な証明にはなっていないかもしれませんが、生まれたときにその子の人生がはじまるのではなく、生まれる前にすでに何らかの『存在』であったと考えられないでしょうか。

私がお伝えしたいのは、ただ偶然にこの世界に生まれてきたのではないということです。すでにそのときにその『存在』の個性があったのではないかと思うのです。それを魂と呼ぶのではないかと。ですから、何の個性も目的もなく生まれてくるのではなく、そこには何かシナリオがあったのではないかと考えるのです。もしも、私たちが偶然、無目的にこの世界に生まれたのだとしたら、死んだらそれで終わりです。ゴミになるのです。肉体の死と共に、その人のすべてが消滅する。そうだとしたら、供養など必要はなくなります。

魂の存在は、量子力学の研究によって、その存在が証明される日も近いと言われています。その解明を待つまでもなく、魂の存在であると考えることによって生き方の質が変わってくるのではないでしょうか。


三十代の初めのトンネル期。新しい自分を生みだすための『産道』を通っていた頃、矢が頭にびしっと刺さったようなインスピレーションを受けたことがありました。ハワイ、オアフ島でマノアの森を歩いていたときのことです。

（これからどのように生きていけばいいのだろう）

そんなことを自問自答しながら歩いていました。すると、鼻の先にふっといい香りがしたのです。花の香りのような、お香の香りのような。そして次の瞬間に、

（そうか、魂が喜ぶように生きればいいのだ）

というインスピレーションがきたのです。このときから、「魂が喜ぶように生きる」というのが、私の軸になり、選択の基準になりました。人間関係においても、仕事においても、魂が喜ぶことを心がけるようにしました。

とは言っても、私たちはさまざまな『縛り』『枠』の中にいます。「〇〇しなければならない」「私は〇〇なのだ」といった思いこみです。ところが、その『縛り』『枠』に、私たちは自身が気づいていない。いつのまにかその中にいるのです。また、その中にいた方が楽……という無意識も働いているかもしれません。魂が喜ぶことを軸にしていても、いつのまにか自分で縛りを作っているのです。

わくわくしながらはじめたことがありました。私のやり方がよくなかったのかもしれないのですが、あるとき、それがわくわくではなく、負担になっていることに気づきました。とても重いエネルギーに引っ張られているような感じです。これは私が本来やることなのかなあ……と疑問を持ったとき、思わず、

「面倒くさい！」

と声を上げていました。こんなことを言う自分に驚きました。何事かあったときは、何としても解決しようと努め、そのために精神的に消耗したとしても、それはそれで仕方がないといつも思っていたのです。

「面倒くさい！」と思わず声を上げたとき、はっとしました。そうか、私、負担だったんだ。自分のことなのに、気づかなかった。これは、まさに魂からの声だと思いました。「面倒くさい」と思わず本音が湧き上がったことで、スカッと何の執着もなく手放すことができたのです。

魂のシナリオ……それは、私たちが本来持っている特質を発揮すること。自由であるし、縛りや枠にとらわれずに心底わくわくすることだと思っています。**頭で考えるのではなく、いま、自分が感じていることを大切にする。まずは「こうあるべき」「こうしなくては」と思っていることから自由になることです。**

自分勝手になるということではなく、自分もわくわくし、自分を生かし、地球に生きていることを喜び、そして誰かの役に立つことをすること。ここに、それぞれの魂のシナリオがあるのだと思います。私の魂のシナリオは、楽しんで、楽しんで、自由に、自由に伝えていくこと。天命のリストで導きだされた天命を、楽しんで自由にチャレンジすることなのです。私自身、これからも縛りや枠を外していきながら、「楽しく自由に」を味わっていきたいと思っています。

美しいコミュニケーションを意識する

自分の物語を創っていくために、人とどうつながっていくかということが大切になります。いいご縁は、いいご縁をつなげます。美しいご縁を結ぶのではなく、美しく、ご縁を結ぶ。ここに着目して、美しくつながるコミュニケーション力について考えてみましょう。

美しくつながる……「美しい」というのは、とても曖昧な言葉です。人によって、何を美しいと思うかは違います。単に見た目のことを言うのではなく、その姿、その言葉、判断、選択、やり方、生き方にも美しさは宿ります。

たとえば、他人の批判ばかりする人は、それを自分の中で「よし」としている から批判を繰り返します。批判ばかりすることを「美しくない」と思う人は、批判しないか、または違う伝え方をするでしょう。

「どうして○○ができないの？」

と詰問する人もいれば、

「○○できるように考えてもらえますか？」

という言い方をする人がいるでしょう。どちらの伝え方が美しいか、それはその人の感性、美意識次第です。

哲学者の梅原猛は、日本人の価値観の基本は美意識にあると言いました。生き方が美しいかどうか。これは社会の問題ではなく、個人の問題です。美しいかどうか感じる心の問題であり、何に美しさを求めたかということに重きが置かれたのです。

どんな困難の中にあろうとも、個人がその姿、行動、言葉、やり方をどう判断し、どう扱うか。どのようなものの言い方をするか。美しさは、このようなところにも宿ります。「そのやり方は美しいか」ということを心に留めながら、内面を磨いていく。このような意識を持つことでつきあう人が変わり、コミュニケーションの取り方も変わってくると思います。すると、人生に新しい一面が加わっていくのです。

人間関係を創っていく。**家族、友人、人間関係の中で、もっとも大切なことは「敬意を持つ」ということです。**年上であろうと、年下であろうと同じです。見ず知らずの人に対しても、敬意を持って接すること。誰に対してもできるだけニュートラルでいられる自分であることが、美しくつながるひとつの要因になります。

誰に対しても敬意を持つ。そのためには、誰に対しても丁寧な言葉を使うことです。仲間同士であっても、心がざわつく言葉は使わない。口汚い言葉はもちろんのこと、相手が傷つくような揶揄、批判などしない。相手によって態度を変えない。たとえば、お客だからといって、上から目線で横柄な態度をとるのは最も美しくないことだと、私は思います。

日常の会話であっても、心のこもった言葉を使うことによって、相手にもそのエネルギーが伝わります。丁寧な言葉遣いをされて、嫌な気持ちになる人はいません。日本語に敬語、謙譲語、丁寧語があるのは、相手を大切にするという気持ちの現れです。若い人の間違った敬語についてさまざまな批判がありますが、丁寧に接しようとする気持ちの現れとも言えます。きちんとした使い方を学ぶことは必要だと思いますが、丁寧さの表現と捉えると微笑ましいことでもあるのです。

コミュニケーションのテクニックはあるかもしれません。でも、それだけではない。自分がどうあるか、相手を大切に思っているかということが、コミュニケーションの質を創っていくのです。自分の言葉、言葉遣い、ものの言い方は、自分の美意識に叶っているか。言い方を替えると、言葉は美意識の現れなのです。

また、相手に敬意を持つことの現れとして、心の中に教えを乞う姿勢を持つことです。「教えてください」と言わなくていいのです。どんなことからも学ぶことを忘れない。誰もが、何かを示してくれる存在です。美しい謙虚さを持っていたいと思うのです。

美しいコミュニケーションを創っていくために、もうひとつ大切なことがあります。

「私のこの両手で何ができるの？」

『Jupiter』の歌詞にあるこのフレーズは、この歌の大きなテーマを表していますが、利他的な気持ちを常に持っておくことはお互いの喜びに通じるものがあります。

自分以外の誰かのために、何かのために自分の力を使う。繰り返しお伝えしているように、人間は利他的に働いたときに脳から愛情ホルモンと呼ばれているオキシトシンやセロトニンといった神経伝達物質を分泌します。何かの役に立つことは、幸せ感、充実感をもたらすのです。そして、利他的であり続けることで、信頼を得ることができるのです。

私はこのような姿勢も美しいコミュニケーションを創る一助となると考えます。

「私のこの両手で何ができる？」という思いが集まれば、そこはポジティブなエネルギーで満たされるのです。そこで、ポジティブな人間関係が生まれるのです。

コミュニケーションにおいて、礼儀正しくあることも大切です。人と人が、思わぬ形でつながっていく時代です。フェイスブックやツイッター、インスタグラムなどで、これまで遠い存在だった有名人とつながることもでき、メッセージを伝えることも可能です。人脈が拡がることで楽しみも増えます。いろいろなジャンルの人から学ぶこともできます。イベントやセミナーをする際の集客にもつながるかもしれません。

このような何でもありのＳＮＳの中で、ときどきびっくりするようなことがあります。たとえばフェイスブックで、私の親しい友人たちにリクエストを送って友達になっていた……という人が何人かいました。これが実社会であればとても失礼なことです。しかし、その常識的な感覚を持てなくなるのがＳＮＳの世界なのかもしれません。つながりたいと思うのなら、紹介してほしい、とお願いをすればいいだけのことなのです。人と人がつながっていくのは、ちょっとしたきっかけかもしれません。その関係が長続きするかどうか……。人を踏み越えるようなことをすると、結局、信頼を失うことになるのです。

「最初の人を忘れない」ということを大切にする人は、『義』を大切にする人です。『義』とは、武士道でいうところの「打算や損得のない人間としての正しい道、すなわち正義」ということ。それは、「おかげさま」の「かげ」がちゃんとわかっているということにも通じるのです。ですから、**最初の人を通じて知り合った人と仕事をする、初めて会食をする……といったときには、ひとこと伝えることがとても大切なのです。**

「ご紹介いただいた○○さんに、仕事の相談をしてみようと思うのですがよろしいですか？」

「○○さんと一度ゆっくりお話したいのですが、こちらからご連絡してもよろしいですか？」

この『挨拶』『相談』があるかないかによって、『最初の人』があなたの味方になってくれるか、距離を置かれてしまうか、どちらかです。私はこのような経験を何度もしました。自分のことしか考えていないと、想像力を狭めます。礼儀を疎かにすると、人間関係にひびが入ります。そして困ったことに、本人たちはこのことに対して無自覚なのです。

「知り合いになったのだから、つきあうのは自由じゃないか」と若い人は考えるかもしれません。それは、少し違います。たとえば、人の前を横切るときに「ちょっと失礼します」と言いながら通ります。黙ってずかずかと通っていかれたら、失礼だなあと思います。最初の人を飛び越えてしまうというのは、これによく似ています。

最初に紹介してくれた人。最初に認めてくれた人。最初に助けてくれた人。私たちが日常生活を送り、仕事をし、さまざまな活動をするには、多くの人の助けがなければできません。いま、ここにこうしていられるのは誰のおかげなのか。私が作詞家になったのも、最初に「作詞の勉強をしてみてはどうか」ときっかけを与えてくれた人のおかげです。その人がいなければ、いまの私はないのです。

結婚も、紹介してくれる人がいなければなかったのです。小説を書くきっかけを作ってくれた人もいます。何者でもなかった、何も持っていなかった私がここまでやってこられたのは、「最初の人」がいて「支えてくれた人」がいたからなのです。

しかし、人間は時に高慢にもなる。自分の力だと思ってしまう。過信する。恩義を忘れてしまう。そして「最初の人」を忘れ、踏み越えてずかずかと進んでしまう。自分では気づかないかもしれませんが、このようなやり方をしていると大きなものを失います。わざとやっているのではなく、悪気があるわけでもなく、ただ自分のことしか考えていないことも多いのです。自分のことと、狭い前しか見ていない。まわりが見えていないのです。

美しくつながるコミュニケーション力は、想像力と美意識によって育まれます。想像力とは心を配ることであり、思いやり、礼儀であり、優しさです。美意識とは価値判断であり、選択であり、行動、生き方なのです。

女性であることを『武器』にする

女の武器を使う……というと、色仕掛けで男性をたぶらかすようなイメージがありますが、女なのですから、女であることを生かしていくことが自然です。女であることを生かす……女性の最大の特質は、創造すること、そして育むことです。

女性は命を生みだすことができます。そして育てます。実際に子どもを生む、生まないに関わらず、創造性と育むという特質は女性の肉体に与えられた機能です。

女性の時代です。女性の活用という言葉を頻繁に耳にします。内閣府男女共同参画局により、二〇二〇年までに企業の女性の管理職の割合を段階的に三十パーセントにするという目標が設定されました。まだほど遠いようですが、ただ数合わせでなく、女性を管理職に登用することの意義に目を向けていくと、もっと意味のある登用や人材育成につながるのではないかと思います。ただ、女性の時代、女性のエネルギーを必要とする時代とは、管理職の数とは何の関係もありません。

創造し、育むこと。創造とは、無から有を創りだすことです。命を生みだし、育て、育む。創造的である、というのは、ひとつの物事をどれだけ展開させていけるか。ひとつの物事から何を学び、何を得て、新しい『何か』を創りだせるか、ということ。**目に見えることも、目に見えないことについても、創造性を発揮する……それが女性の特質です。**

私たち女性にとってあまりにも自然なことなので、自分たちの創造性について意識することはないかもしれません。でも、考えてみてください。お料理ひとつにしても、よりおいしく作ろうと工夫し、新しいレシピがあれば取り入れます。いかにリーズナブルに、いい素材で、おいしく食べられるかをいつも考えています。掃除も洗濯も、どうすれば効率的にできるか考えます。あたりまえのようにしていることかもしれませんが、これも創造性を発揮しているところです。

好奇心が強いのも女性の特質です。創造性の源泉は好奇心。もともと女性は習い事が好きです。お茶、お花、お料理など、母たちの世代、それ以前から女性の嗜みとしてのお稽古事がありました。いまではお花ひとつとってみてもさまざまなアプローチの表現があります。華道にはじまり、フラワーアレンジメントにもいくつかの流儀があります。それも、お花を仕事にする人がそれぞれに創りだしたものです。

たとえば、お料理とテーブルコーディネートを組み合わせたクラスもあります。洋風のお料理とコーディネートのクラスもあれば、日本料理と室礼《しつらい》を組み合わせたクラスもあります。そこに歳時記や、日本の伝統文化を学ぶ要素を組み入れているクラスもあります。それを主宰するのは女性たち。これとこれを組み合わせたら、もっと素敵なものが生まれるのではないか。これこそ、創造性の為せる技です。

カルチャーセンターや、大学の生涯学習の場においても、受講生の多くは女性です。専業主婦であれば昼間に時間がとれますから、女性が多いのは当然です。

土日クラスの参加者の多くは、働く女性たちだったりするのです。暇つぶし、時間があるから……などと揶揄する男性もいるかもしれませんが、時間を作ってでも学んで向上したいと思っている女性たちは圧倒的に多いのです。

主婦ばかりではありません。会社に勤めている女性たちも、平日の夜に勉強の場に参加している人も多くいます。私が主宰している言の葉塾の受講生のほとんどは、会社帰りの女性たち、それも子育て中の女性たちも多くいます。言葉を学びたい、自分の言葉で文章を書けるようになりたい、感性を磨きたい。この思いを形にしたい。何かをつかみたいと思って学ぶ女性たちの進化は、一年間の言の葉塾を通してめざましいものがありました。創造のエネルギーがいっぱいの場でした。

もちろん、男性たちもさまざまなことを学び、楽しみ、創造性を発揮しています。多くの男性たちにとって大切なのは、そこに必然性や論理性があり、目的がはっきりしていることです。女性の場合は迷いなく、直感で選びとっていくスピード感があります。「おもしろそう」「やってみたい」「素敵!」……こんな感じです。論理から入る男性たちと、直感から入る女性たち。直感と創造がつながっていくのです。

そして、そのような場で出会った人たちとつながり、人間関係を創造していく才にも長けているように感じます。女性だから感じるのかもしれませんが、共通の楽しみや目的を持った女性たちのつながる強さ、コミュニティを作る強さを、最近特に感じます。女性の友情はもろいもの……と以前はよく言われました。仕事をする女性たち、かつて仕事をしていた女性たちは仕事を通して男性的な合理性や論理性を知っています。おそらく、そのような合理性と女性の生理的勘、創造性がコミュニティを作るという化学反応に作用しているのです。

またSNSの拡がりによって、これまでつながることのなかった人たちともつながることができるようになったことも、女性たちのコミュニティ作りに大きく寄与していると思います。

創造性と共に、「育てる」「育む」は、女性の大きな特質です。これは子どもを育てる、ということだけではありません。家族を育む、人を育てる、場を育てる、会社を育てる。心を育む。美を育む。命あるもの。見えるもの、見えないものを、バランスをとり、特徴を生かしながらよりよいものにしていく。そういう才能があるのです。そして「育てる」「育む」の大前提には、「受容する」ということがあります。柔軟であり、包み込む力があり、慈しみ深い。

女性の時代とは、女性が多く活躍する時代であることと同時に、女性性の時代である、ということなのです。いまの社会状況をよく見てみるとわかります。国際的な競争社会は、もう限界にきています。人類は、資源、領土、権力を奪い合うという歴史を、未だもって繰り返しています。このような争いに疲弊しながらも、止められない。もう男性性優位では立ち行かなくなっているのが、いま私たちがいる社会の現状なのです。

女性性の時代というのは、女性だけが活躍するということではありません。**私たちの中には女性性、男性性がそれぞれにあります。直感、創造性、育むという女性の特質と、論理性と行動力という男性性を統合していくこと。このバランス、このふたつの性を調和させていくことが求められているのです。**

ですから男性たちも、自分の中の女性性に目を向けていくことが大切なことなのです。

女性であることを『武器』にする。過激なタイトルをつけましたが、ここに私たちがもっと女性であることに目を向け、女性の特質を生かしていきたいという気持ちを込めました。それぞれの人が持てる特質と、女性の特質を知って意識してみる。と同時に、自分の中にある現実的な面や行動力と調和させていく。これは単に自分が張り合いを持って仕事をする……という枠を超え、人間としていかに成長していくか、という領域のテーマになってくるのです。まさに時代の転換期。このような時代を選んで生まれてきたことに大きな意味があります。私たちひとりひとりがチャレンジャーであることをもっと楽しむ。悩みもまたこのチャレンジのひとつだと思うと勇気が出るのです！

この瞬間に「心地のいいポジション」を見つける

女性の特質である女性性を生かし、大切にすることによって女性としての心地よさにつながり、心身共に負担が少なくなります。そして、自然な形で創造性を育む自分となり、場を創っていけます。どの瞬間、どの場面にあっても自分らしくあるために、仕事の場にいる自分について見ていきましょう。

仕事をしているとき、私たちは自分の中にある男性性を発揮しています。仕事ですから論理性も行動力も必要です。競争力も必要になります。たとえば、私が歌詞を作るときには直感、感覚、情動など女性性が主になります。もちろん論理が破綻すると歌詞になりませんから、論理性という男性性を発揮した部分も必要になります。

でも、フリーランスとして生きていくためには、男性性を発揮しなければやっていけないのです。目標を掲げ、達成させる。競争する。成果を上げる。仕事、ビジネスで必要な要素は男性的なものです。交渉も駆け引きもあります。感情的に受け容れられないことも、理屈によって納得しなければできない仕事も多くありました。

では、そこに女性の『武器』である創造性と育み力をどのように発揮していけばいいのか。そのためにはまず、女性性を発揮することの心地よさを知ることからはじめましょう。

かつて組織、大組織の中で女性が女性らしくあっては認められない時代がありました。「女性は使えない」「女性には任せられない」と言われないために、肩肘を張るようにして仕事をした先輩たちがいました。八十年代から九十年の初め頃まで流行っていた肩パットを強調したデザインの服は、もしかしたらそんな女性たちの気概を表していたのかもしれません。男性社員よりも頑張り、成果を上げないと認められない時代でした。それは、いまも変わらないのかもしれませんが。

「由美ちゃんはいつもにこにこして、ここにいてくれたらいいのよ」

と、広告代理店時代に営業職にあった女性の先輩から言われました。その先輩も、ずいぶん肩肘を張っていたのだと思います。『男』のようになることで、数少ない女性営業職という仕事ができていたのだと思います。

働きづらい環境や状況はいつの時代も、どこにでもあります。それを働きづらさとしてだけ捉えるとつらくなるかもしれません。これはウェイトトレーニング。負荷をかけて自分を鍛えているのだ、と捉えると力になります。また、言うべきことをちゃんと言う、というトレーニングも必要です。そのためのレッスンと捉える。不満をウェイトとして捉えていくのです。言うは易し、ですが、『我慢』ではなく、『鍛錬』という言葉に換えてみるだけで、意識が変わってきます。

そこで、女性であることをもっと生かして場を創っていく、という発想を持ちましょう。働きづらい環境を、自分の在り方から変えていくのです。もちろん、自分に負荷はかけません。自分の内側から、もともと持っている女性らしさを発揮していきます。

バリバリと、男性性を発揮しながら仕事をしていた二十代から三十代、ヒーリングを勉強していた友人から教えてもらったことがあります。

「忙しく仕事をしている女性ほど、女性らしさを意識すると心地がよくなる」

つまり、本来持っている特性を活かすことで、無理なく自然な自分でいられる。
友人のアドバイスを聞いてすぐに、まず少しゆったりと話すようにしました。せっかちでも早口でもなかったのですが、意識をして少し話をするペースを遅くしてみたのです。すると、本当に心地がいい。丸くなったような感じがし、気持ちに余裕が生まれたのです。

女性として心地のいいポジションを見つけるために、『言葉』と『受容力』から女性性を考えていきましょう。まず、女性らしさを『言葉』から意識してみます。話をするペースは、少しゆったりと意識します。**ゆったりした話し方をすると、言葉は自然と丁寧になります。この丁寧さが、自分自身を心地よくするのです。**そして忙しくパニックになりそうなときほど、丁寧な言葉遣いを心がけます。言葉を整えると、心が整います。丁寧で、余裕があると、まわりの人にも女性らしい印象を与えます。それは緊張した仕事の場に、よい意味の弛みを与えるのではないでしょうか。

笑顔で、きちんとご挨拶をする。人と人との関係の中でとても基本的なことを、いま一度、見直してみましょう。相手の目を見て、笑顔でしっかりと「はじめまして」「こんにちは」「ありがとうございます」と言えているでしょうか。心からの笑顔ほど、人を輝かせるものはありません。「こんにちは」と言うときには、（会えてうれしいです）という心を込めるのです。それを語るのが心からの笑顔。そして、まなざしです。それは、相手に対する愛とも言えます。調和をとる。場を育む。そんな女性の特性を活かす。まさに、笑顔でご挨拶をすることからはじまるのです。

二番目に、『受容力』です。まず、「柔軟であること」を意識します。「育む」ためには、柔軟さが必要です。イメージが大切ですから、自分の心が柔らかくしなやかであることをイメージします。柔軟であれば、少々のことには合わせられます。受容的である、ということです。

受容力をつけるには、相手の話をよく聴くことです。それは違うと思うことがあっても、すぐに否定したり反論しない。とにかく聴く、傾聴です。私たちは、自分の話を相手に聴いてもらえることで安堵感を覚えるものです。そして、たとえ自分と考え方が違っていたとしても、一度共感するのです。共感というのは同調することではなく、「そうなのね。そういうこともあるよね」と、一度相手の思いに寄り添うことです。もしも反対の意見があるのであれば、一度共感、受けとめた後に「自分はこう思う」と伝えればいいのです。こうすることで、穏やかな場になります。

受容的であるというのは、すべてを受け容れるということではありません。すぐに跳ね返すのではなく、受け取ってから返す。ボールの壁打ちではなく、キャッチボールです。一度受け取ることによって、ひと呼吸が生まれます。そのひと呼吸に、お互いの信頼や共感が生まれます。

私たちはそれぞれ、いろいろな事情を抱えています。それぞれの事情を斟酌して、ビジネス、仕事上に支障を来すわけにはいきません。ビジネスとなれば、そこは厳しいものです。

受容とは、情をかけるということではないのです。頭から否定しない。「そういうこともあるのだ」「このような考えもあるのだ」ということを、受け容れることです。そしてそれは、相手のことだけではありません。いちばんエネルギーを使うのは、自分のこと、自分の状況を受け容れることかもしれません。

自分を好きになれないかもしれない。だめだめな自分をどうすることもできない。仕事を頑張っているのに評価されない。うまくいかない。思うような仕事をさせてもらえない。こんなとき、どうするでしょうか。理不尽さや、情けなさや、恨みつらみを抱えながら進んでいくのでしょうか。受け容れがたさの原因を相手に見ているうちは、気持ちのけりはつかないのです。ああ、私はいまこんな状況なんだなあ、と眺めるように受け容れる。だめだ、だめだと自分を責めていても、誰も解決してくれない。誰も救いの手なんて差し伸べてくれないのです。**受け容れて流されるのではなく、受け容れて、対策を考えて、立ち上がるのです。**

人生には、思いもよらないことが起こります。時に、受け容れがたいことが起こるのが人生です。この日本においても、明日何が起こるかわからない。それでも、命があるかぎり、私たちは生きていかなくてはならないのです。受け容れがたいことを小脇に抱えながら、生きていかなくてはならない。そのときに、目を背けていては先に進めないのです。受け容れて、いくしかない。

受容するということについて、私は女性の感性や感覚的な特質が大いにプラスに働いていると考えます。理屈で受け容れることはできます。でも、理屈を超えた感性、感覚が心に働きかける力は、心に深く落ちていくのです。

心を柔らかく、頭を柔らかく。受容する力のある人は、しなやかな人です。そして、たとえ困難の中にあるときにも丁寧に言葉を伝えることができる人は、心の強い人です。本当の強さは、柔らかさの中に宿る。私たち女性は、柔らかさの中に凛として立っていたいものです。

いつも自然体でいること

自然体。自分らしさ。よく聞く言葉ですが、自分がどんな状態が自然体なのか知っているでしょうか。自然体のもとの意味は「剣道などで、両足をわずかに前後または左右に開き、無理のない形で立った姿勢」、そして「気負いのない自然な態度」「身構えたり、先入観をもったりしないあるがままの態度」と辞書にあります。もともと武道の言葉であることから、自然体である「無理のない形で立った姿勢」が見つかるまでは、なかなか鍛錬が必要なのではないかと推測します。ストレスを感じず、肩に力が入らず、先入観もない自分のポジションを見つけるためには、自分が本当に思っていること、本質を知ることからはじまります。仕事の場においても、プライベートの場においても、自分が自分らしくいられること。でも、自分らしさ、自分の自然体とはどうやって見つけたらいいのでしょうか。

自然体の人は、自分の心に素直です。それは、わがままであることとは違います。うれしいときには素直にうれしいと思い、淋しいときにはちゃんと淋しさを感じる。怒りを感じたときは、自分が怒っていることを認める。感情を素直に感じるというのは、簡単なことのようでなかなかむずかしいのです。

うれしい、楽しいというポジティブな感情は素直に受け容れることができます。しかし、淋しいという感情は、時に受け容れがたいものです。自分が孤独であること、淋しいというのを認めたくない。淋しい自分は嫌なのです。とてもみじめで、哀れな人間だと認めたくない。そして、他人からもそう思われたくない。だから、淋しくないように大勢の友達の中にいようとする。週末も休日も隙間なく予定を入れる。ですから、何もない週末や休日にとてつもない孤独を感じたりするのです。

しかし、人の心の中には消えることのない淋しさがあるものです。それを言葉にするのはむずかしいのですが、生きていく淋しさとでもいうのか、誰とも分かち合うことのできない、誰にも理解してもらえない自分の中の何か……というのか。その『何か』を抱えながら、私たちは生きていかなくてはなりません。結婚したから、友達がたくさんいたからといって淋しさが解消されるわけではない。その淋しさがうっすらとしているときもあれば、時には波のように寄せてくることもあるでしょう。

私たちは淋しさのひとつも感じることなく生きていくことはできないのです。淋しい自分もいるのだということを認めることができると、優しくなれます。**淋しくない、と強がることなく（こんな淋しい自分もいるのよね）としなやかに受け容れられると、心が軽くなります。その心の軽さが、自分らしさ、自然体となっていくのです。**

大病を患い、旅立っていった友人がいます。彼女は五十代半ばで、好きな仕事を頑張ってやってきました。余命を宣告され、弱っていく身体でひとり。どんな思いで自分を養う食事を作り、入院の支度をしたのでしょうか。亡くなる半年前だったか、笑顔でこう言いました。

「こんなことになるなら、結婚しておけばよかったわ。チャンスはあったのよ。そしたら淋しくなかったのにね、私ってばかね」

その言葉は強がりでも何でもなく、とてつもない淋しさや悲しみや怖さによって濾過《ろか》された言葉のようでした。本当は叫びたいくらいだったのかもしれません。でも、「みんながいてくれるから幸せよ」と言い続けるのではなく、こんなふうに言える友人を素敵だと思ったのです。

怒りもまた、受け容れがたい感情のひとつです。小さな怒りに気づかず、怒りを抑圧してきた人ほど、「私は怒りを感じたことがない」と言います。怒りを人にそのままぶつけるのは最悪のことです。しかし感情に優劣も善悪もありません。ただ、湧き起こってきたものなのです。怒りをコントロールするには、自分の怒りを認めることです。(ああ、私いま、怒っているんだ)

こう自覚できるだけで十分です。これが、自分の感情に素直になる、ということです。

もうひとつ、心に素直であるためには、「〜すべきである」「こうした方がいい」という選択をせずに、自分がやりたいと思うことを選ぶことです。やりたくないと思うことは、できるだけ避ける。本当に好きなものを選んでいくのです。

私たちは、つい人の目を気にし、いい人に見られたいという思いが先行します。それは、本来の自分とは違う型に、自分をはめようとしているようなもの。大笑いしたいときに大笑いをし、泣きたくなったら泣く。もちろん、これらのことで人を巻き込んでいくのは避けたいですが、うまくバランスをとりながら心が喜ぶことを選んでいくのです。

自然体の人は他人と自分を比較しません。だから、人の幸せを心から喜ぶことができるのです。自分の心に卑しくなりません。しかし、私たちは知らず知らずのうちに人と自分とを比べています。容姿や能力、経済力、学歴、人間関係……無意識のうちに比べてしまうものなのです。他人と比べることからは、優越感か劣等感、嫉妬しか生まれません。

SNSの拡がりで、他人のプライベートや仕事ぶりがよく見える時代です。実生活が充実していることを示す『リア充』という言葉がすっかり定着しました。これはインターネットの2ちゃんねるから生まれた言葉です。フェイスブックやブログでは、華やかな生活、充実した仕事、楽しそうな交遊関係などが発信されています。見ているだけで、誰と誰がつながり、誰がどんな仕事をし、どんなところで食事をしているか、何を買ったかなど、こんなに公開してしまっていいのかと思うほど見えてきます。

それをうらやましいと思う人がいても無理はありません。知らず知らずのうちに、嫉妬心が生まれているということはないでしょうか。いろいろな人の投稿を見て、おもしろくないと感じることは？　嫉妬している自分を好きな人はいないでしょう。うらやましいと思っていることを悟られたくないために背伸びをし、虚勢を張るのです。これは本当の自分ではありませんね。そして、嫉妬心は心を痛めます。そして、美しくありません。

人と比べている自分を認めましょう。（ああ、私はうらやましいと思っているんだ）こう認識できるだけで、気が楽になります。そして、嫉妬心をかき立てるものと距離を置くことも大切です。人は人。自分は自分。自分が持っているかけがえのないものに目を向けましょう。それでもうらやましいと思う気持ちは、『憧れ』に。そして目標に。「いいわねぇ」という言葉は、「すばらしい！」「すごい！」という賞賛に。心に素直にこのように変えていけたら、とても気が楽になるのです。

また、自然体の人は、過剰な自己主張はしません。SNSでの『リア充』に見られるように、「私ってすごいでしょ」「私が、私が〜」と、自分をアピールすることはありません。「仕事している自慢」もしません。ただ、会話の中で意見を求められたときには、きちんと意見を述べるし、人の話を受けて自分の話をすることもあります。ただそこに、自慢もなければ卑下することもない。等身大の自分を語れるのです。

仕事、ビジネスの上で自己主張が強くないというのは、時にプラスに働かないことがあります。プレゼンテーション力がなければ、仕事は獲得できません。仕事をする上で、また欲しいものを手に入れるためには「押しの強さ」が必要なことがあります。相手に合わせているだけでは、自分が埋もれてしまいます。

理想を言えば、そこにいるだけで存在感があり、しかもポジティブなエネルギーにあふれている……それが自然体という姿です。「私が、私が」と言わなくても、伝えたいことを三方良しで伝えられる。

ここまでくるともはやカリスマ的ですが、美しい自己主張をめざすことはできるのです。それには、「自分を主張する場を、しっかりと捉える」こと。他の人を否定したり、押しのけようとする気持ち、よく思われようとする意図があるとよろしくない。**主張するときにはまわりとの調和をとりながら、手渡すように伝えていく。心から伝えたいことを、伝える。**自己主張と言うと、押しつけていくようなイメージになりますが、「分かち合いましょう」という思いを込めて伝えていくと、主張の内容も、そのやり方もまろやかになるのです。

フェアであるということも、自然体でいるには大切なポイントです。相手によって態度は変えない。相手の顔色を窺うこと、ご機嫌をとるということは、相手に自分を合わせて変えていることです。策を講じることなく誰に対しても誠実であること、等身大の自分でいることが、実は心地のいいことなのです。

そして、美しい自然体でいられる最大のポイントは、自分の心が喜ぶことに正直であることです。自分の感情を押し殺していることを心は喜ぶでしょうか？　誰かと比較して喜んだり落ち込んだりすることを良しとするでしょうか？　「私が、私が」と主張することにわくわくしているでしょうか。自分の心に素直になるということ、それは心の声と共にいることです。

仕事において、時には心に反する選択をしなくてはならないこともあります。でも、それが大局の中でプラスに働くこともあるのです。もしかしたら、心に反する……と感じたのは、自分のエゴなのかもしれません。その見極めはむずかしいですが、それがエゴから発した選択であれば、どこか居心地の悪さを感じるでしょう。

自然体の人は、まわりの人たちをリラックスさせます。自然体というのも、エネルギーのひとつなのかもしれません。誰に媚びることなく、にこにこして、受け容れる広い心を持つ中で、人との関係、仕事をつなげていく。最初はむずかしく感じるかもしれませんが、自然体とは素の自分、もとの自分、本来の自分ということです。鎧のように身につけてしまった思い癖や、人の目を気にする性分を削ぎ落とし、自分も人も心地のいい状態に。その自然体が美しくあるために、心を整えていくことが大切なのです。

エピローグ

自由に、心から望むように生きる。これまでの人生を振り返り、いろいろなことがありましたが、自分はそのように生きてきたと思っていました。いえ、確かにそのように生きてきたのです。自由を好むという自分の特質がフリーランスの仕事を選び、クリエイティブな仕事を選びとってきたのですが、五十代の後半になり、どこかが自由でない自分がいたことに気づいたのです。「そのように生きてきたと思っていました」と過去形にしたのは、気づいてしまったからなのです。

作詞の仕事に、何の確約も保証もありません。いい歌が売れるとは限らない。いい歌詞を書いても採用されるとは限らない。いつ何時、進んでいたプロジェクトが白紙になってしまうかわからない。それは本も同じこと。そして、プロモーションなど、動く役目の人が動かないこともあります。どこの業界にも危うさがあると思いますが、ペン一本で渡っていくこの水もののような世界を、誰と衝突することもなく無難に生きてきた……それが私でした。

しかし、それができたのは、私の心の奥にある種の諦めがあったからなのです。（うまくいかなくても、落ち込まない）という枠が、いつのまにか出来ていたような気がします。これは前向きに聞こえますが、うまくいかなくても仕方がない、といううっすらとした諦めなのです。がっかりすることに馴れてしまい、それが普通のことになっていた……このことに気づいたのです。（うまくいかなくても……）と思ってはじめたことは、うまくいかないことを引き寄せる。もちろん、それは重々承知です。しかし、潜在意識の奥にがっかりすることに馴れてしまった経験が降り積もったことで、諦め上手になってしまった。そうして自分が深く傷つくことから守っていたのです。鈍感にさせてしまったところがあるのだと思います。

もちろん、いつもがっかりして、諦めているわけではありません。その反動のように、絶対に諦めないという『根性』を出す場面はたくさんあります。絶対に譲れないところもあります。にもかかわらず、傷つきたくなくて『がっかり』で終わらせる自分もいるのです。

自由に、心から望むようにだけ生きてはこなかったと思ったのは、このことです。私は、「がっかりするかもしれない」という枠を作り、自分を守ってきた。その枠がある限り、私が本来持っている自由さは生かされないということに気づいたのです。三十代の初めの頃に通ったミッドライフ・クライシスというトンネル。それは、新しい価値観で生きるための変容のプロセス、新しい自分を生みだす産道でした。そしてまた、自分のこの枠を外していくというプロセスがはじまっているのです。

自分は何なのだろうか。何のために生まれてきたのか。自分に、価値はあるのだろうか。自分自身の在り方、生き方に迷う。これは生きている限り何度も自分に問い直すことです。この問いをそのままにして、なかったことにすることもできるでしょう。このような思いがめぐってきたときは、それを問い直すタイミングがきていると受け入れるのがいいのです。身体の不調に対処するように、心の呼びかけにも対処する。それは、自分が一皮も二皮も剝けるきっかけです。心の中に澱のように残っている必要のないものを手放す時期がきているというお知らせなのです。

こんなときは、やるべきことをやるのです。やるべき仕事に集中する。家庭があるのなら、家庭のことに集中する。自分の特質を生かす場で、思う存分、特質を発揮するのです。自分の本分に没頭するのです。

私たちがそれぞれに得意とするものは、もともと私たちが持って生まれたものです。特質、才能は与えられたもの、恩寵です、与えられた特質を磨いて、実践して、役に立てていく。ここに集中していくことで、見えてくるものがあり、感じるものがあるはずです。また、本分に集中することで、やりたいことが見えてくることがあります。すると、次の扉が開くのです。

すでにお伝えしたように、特質、才能はすべての人に与えられています。何もない人などいないのです。ですから、「私には何の才能もない」ということに、甘えるのはやめましょう。怖がらずに自分を見つめていけば、見えてきます。楽しくやれること。楽しくなくてもやりがいを感じられること。喜んでもらえる喜びを感じること。そこに特質のヒントがあります。

自分の枠を外していく。私自身、いまこのプロセスにあります。『Jupiter』の歌詞にこのように書きました。

望むように生きて　輝く未来を
ありのままでずっと愛されている

まさに、こういうことなのです。望むように生きるとは、自由に、翼を大きく広げて、自分という存在を思う存分生かして、楽しみながら大きく羽ばたくことです。目を閉じて、イメージしてみてください。縮こまっている両手を大きく広げて、肩甲骨をぐっと引き寄せて、大空を見上げてください。まずは、自分が縮こまっていることに気づきましょう。

ありのままでずっと愛されている……とは、私たちは無条件で大いなる存在に愛されているということです。成功しているから愛されるのではなく、容姿が美しいから愛されるのでもありません。そこに条件などひとつもないのです。命としての私たちは、祝福された存在なのです。

ですから、悩んでいる自分を卑下することもない。答えの出ない自分に落胆することもないのです。それはプロセスでしかないのです。そこが答えでも結果でもない。そのプロセス、その道を、勇気を持って歩んでいくことで、自分自身と出会っていくのです。悩んでいる自分、諦めない自分、諦めそうになる自分。ももやもやが晴れた気持ちよさ。そのプロセスを味わい尽くす。味わい尽くすことを楽しむ、という意識を持つ。なぜなら、それが人生を創造することにつながるからです。

私自身、いまでもそのプロセスを味わいます。新しい景色に出会うために、いろいろな自分を味わっています。時を重ねていくということは、そういうことなのだと思います。変容をしながら成長していく。私たちは、人生を創っていくアーティストなのです。

水王舎の瀬戸起彦さん、編集の野崎裕美さんに大きなお支えをいただきました。心から感謝いたします。そして読者の皆さまひとりひとりが、すばらしい物語を創造していかれることをお祈りしています。ありがとうございました。

二〇一八年六月

吉元由美

Jupiter

作詞　吉元由美

Every day I listen to my heart
ひとりじゃない
深い胸の奥で　つながってる
果てしない時を越えて　輝く星が
出会えた奇跡　教えてくれる

Every day I listen to my heart
ひとりじゃない
この宇宙の御胸に　抱かれて

私のこの両手で　何ができるの？
痛みに触れさせて　そっと目を閉じて
夢を失うよりも　悲しいことは
自分を信じて　あげられないこと

愛を学ぶために　孤独があるなら
意味のないことなど　起こりはしない

心の静寂に　耳を澄まして

私を呼んだなら　どこへでも行くわ
あなたのその涙　私のものに

今は自分を　抱きしめて
命のぬくもり　感じて

私たちは誰も　ひとりじゃない
ありのままでずっと　愛されてる
望むように生きて　輝く未来を
いつまでも歌うわ　あなたのために

吉元由美　よしもと・ゆみ

作詞家　作家　淑徳大学人文学部表現学科客員教授
日本語検定委員会審議員
一般財団法人ドイツ歌曲普及協会　評議員

東京生まれ。成城大学文芸学部英文学科卒業。広告代理店勤務の後、1984年作詞家デビュー。これまでに杏里、田原俊彦、松田聖子、中山美穂、安倍なつみ、山本達彦、石丸幹二、加山雄三など多くのアーティストの作品を手掛ける。平原綾香の『Jupiter』はミリオンヒットとなる。東宝ミュージカル『RENT』の全訳詞を担当。1990年小説『さよなら』（マガジンハウス）を出版。エッセイストとしても幅広く活動し、著書に『読むだけでたくさん「奇跡」が起きる本』『ひとり、思いきり泣ける言葉』（三笠書房）『あなたの毎日が「幸せ」でいっぱいになる本』（PHP研究所）『みんなつながっている－ジュピターが教えてくれたこと』（小学館）『こころ歳時記』（ディスカヴァー・トゥエンティワン）『自分の言葉をもつ人になる』（サンマーク出版）『年を重ねるたびに美しく幸せになる女性の理由』（大和書房）『大人の結婚』（水王舎）など著書多数。また『吉元由美のライフアーティスト・アカデミー』を主宰。「Tough & Beautiful 魂が喜ぶように生きよう」をテーマに、言葉と心と感性を磨くサロンセミナー、言の葉塾、ソングライティング・クラスを展開している。

吉元由美オフィシャルホームページ
http://www.yoshimotoyumi.com

吉元由美オフィシャルブログ
https://ameblo.jp/yylifeartist

自分という物語を生きる

2018年6月20日 第1刷発行

著　　者　吉元 由美
発 行 人　出口 汪
発 行 所　株式会社水王舎
　　　　　東京都新宿区西新宿6-15-1
　　　　　ラ・トゥール新宿511　〒160-0023
　　　　　電話03-5909-8920

本文印刷　慶昌堂印刷
カバー印刷　歩プロセス
製　　本　ナショナル製本
装　　丁　山田 知子（chichols）
編集協力　野崎 裕美
編集統括　瀬戸 起彦（水王舎）

©2018 Yumi Yoshimoto,printed in Japan
JASRAC 出 1805197-801
ISBN978-4-86470-100-6
乱丁本・落丁本はお取替えいたします。
http://www.suiohsha.jp

吉元由美の本

大人の結婚
あなたの人生がもっと輝く究極のチャレンジ

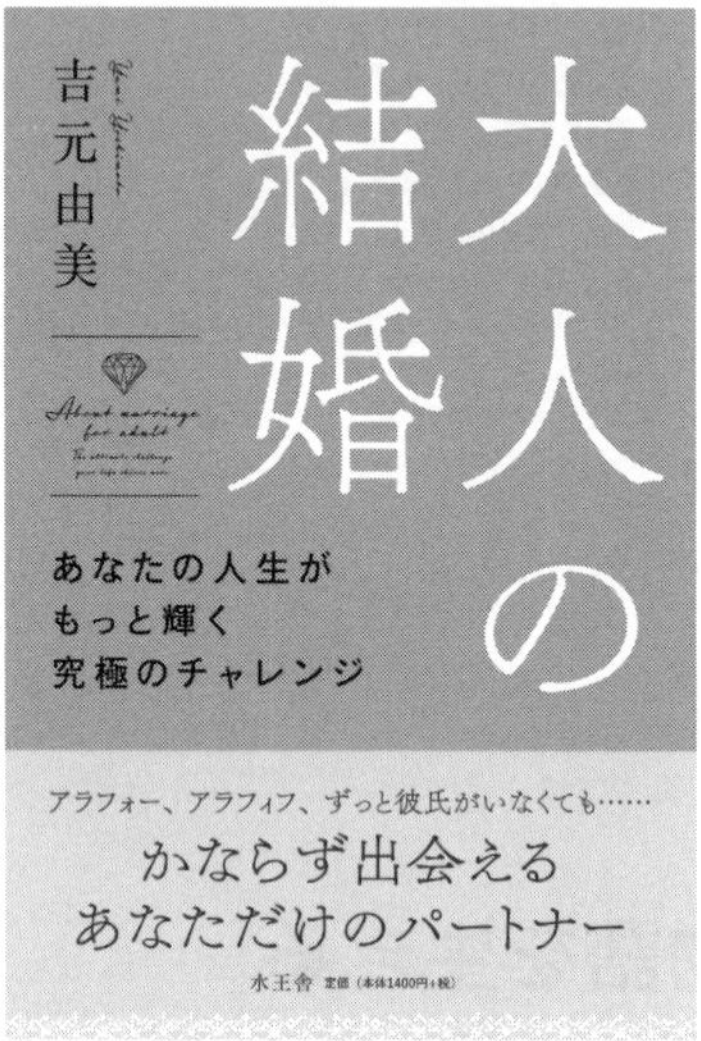

吉元由美・著

「もう若くはない」と感じた時、今の生活の先に幸せになる道が見えていますか？

杏里、平原綾香の曲を手掛けた人気作詞家が、悩み多き大人世代に贈る、新しい幸せのさがし方。「彼の経済力が低い」「既婚者を好きになってしまった」など、人には言えない気持ちも整理して前向きになれます。結婚に対する意識が大きく変わる一冊！

定価（本体1400円＋税）ISBN 978-4-86470-070-2

水王舎のロングセラー

幸せになる言葉　幸せにする言葉

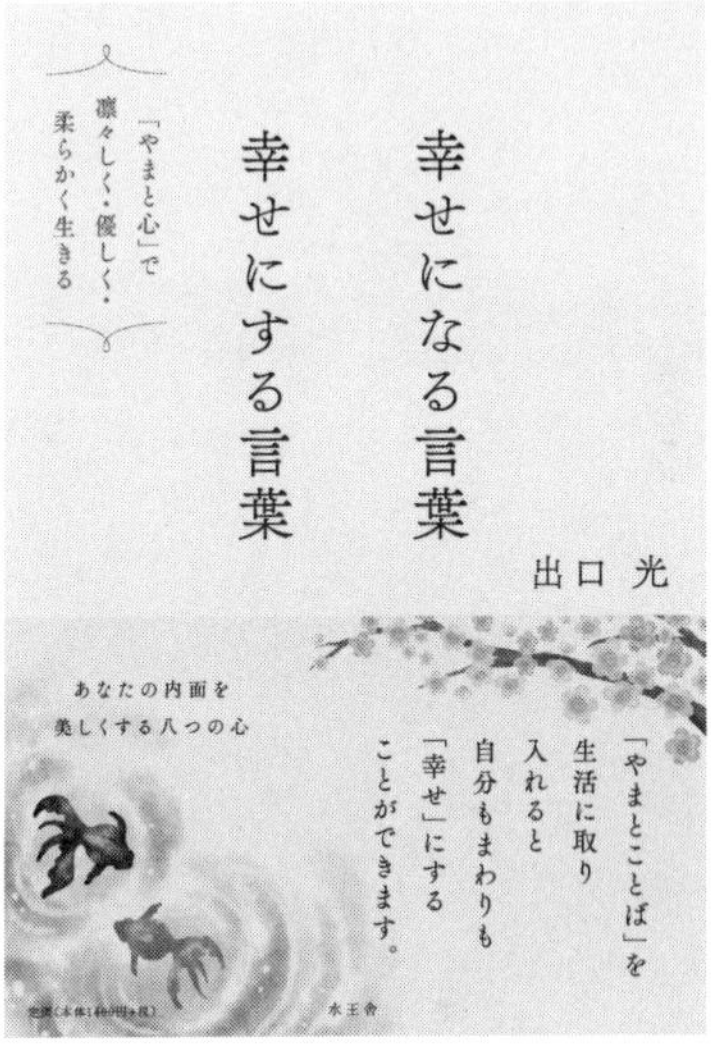

出口光・著

現代社会で幸せに生きたいと願う
すべての人へ……

「やまとことば」を生活に取り入れると、自分も周りも幸せにすることができます。
慌ただしい生活のなかで、自分や周りの人が本当の幸せを感じるためにはどうしたら良いか？“内面から美しくなる方法”を説いた一冊です。

定価（本体1400円＋税）ISBN 978-4-86470-038-2